대통령 탄핵 보고서

김진욱(초대 공수처장) 지음

대통령 탄핵 보고서

여러분이 재판관이라면
어떤 결정을 내리시겠습니까?

RHK
알에이치코리아

Presidential
Impeachment
Report

머리말

윤석열 대통령이 2024년 12월 3일 밤늦게 비상계엄을 선포했다. 그 뒤 일주일도 안 되어 내란 혐의 피의자로 입건되고 출국 금지됐다. 2017년 봄 박근혜 대통령이 헌법재판소의 탄핵재판에서 파면 선고된 뒤 다시 있을 것 같지 않던 현직 대통령에 대한 탄핵소추가 의결됐다. 12월 14일 토요일 오후 5시경 국회 재적의원 300명 중 204명이 찬성했다. 소추의결서의 송달로 같은 날 오후 7시 24분경 대통령의 직무는 정지됐고, 헌법재판소의 탄핵재판이 개시됐다. 이제 초미의 관심사는 대통령 탄핵재판이 어떻게 진행되고 어떤 결론이 날 것인가이다.

필자는 헌법재판소 연구관으로 재직 중이던, 2016년 12월

9일 박근혜 대통령 탄핵소추가 국회를 통과하는 것을 지켜
보았다. 재적의원 300명 중 234명이 찬성한 압도적 가결이었
다. 그때부터 대통령 탄핵이라는 주제, 특히 탄핵의 사유事由
라는 주제에 관심을 갖게 됐다. 대통령 탄핵이란 주제야말로
민주주의와 법치국가라는 중요한 헌법 원칙들이 교차하는
지점이기 때문이다. 그 뒤 국내·외 자료를 찾아보며 연구하
기 시작했고, 2017년 여름부터 2019년까지 매년 한 편 이상
탄핵을 주제로 우리말과 영어로 국내·외에서 논문을 발표했
다. 2020년에는 대통령 탄핵사유를 주제로 대학에서 박사학
위 논문을 쓰고 있었는데 2020년 11월 초 초대 공수처장 후
보로 추천되면서 논문 완성을 미뤄야 했다.

　2020년 12월 말 국회의장 산하 공수처장 후보 추천위원회
에서 최종 2인의 공수처장 후보로 추천받고, 문재인 대통령
으로부터 초대 공수처장 후보자로 지명받았다. 국회의 인사
청문회를 거쳐 2021년 1월 21일 초대 공수처장으로 취임했
고 2024년 1월 20일 3년의 임기를 마쳤다. 서울에서 판사로
재직하던 중 법원에 사표를 내고 1998년 3월 대형 로펌 변호
사로 개업했다가 헌법재판소로 이직하기까지 약 12년 동안
변호사로 활동했다. 2010년 2월부터 2021년 1월 중순까지
약 11년 동안 헌법재판소 연구관과 선임헌법연구관으로 있
으면서는 공직 취임을 이유로 한 변호사 휴업 상태였다. 이

런 이유로 초대 공수처장이란 공직을 마치면서 변호사회에 휴업 중 개업을 신고했다. 그러나 개업 장소를 집으로 신고하고 변호사 활동은 하지 않고 있었다.

그런데 2024년 12월 초 대통령의 비상계엄 선포와 12월 중순 국회의 탄핵소추 의결이라는, 있을 것 같지 않던 초현실적 사태를 접한 뒤 그동안 연구하다가 중단한 대통령 탄핵이라는 주제로 책을 써야겠다고 결심했다. 현직 대통령이 파면될 수도 있는 나라의 운명과도 관련된 이 탄핵재판은 소수의 헌법재판소 재판관들만 관심을 가지고 결정할 문제는 아니라고 생각했기 때문이다. 대한민국의 미래에 중대한 영향을 미칠 수도 있는 이 사건에서 만일 국민 여러분께서 재판관이라면 어떤 판단과 결정을 할지, 그런 판단과 결정을 하려면 판단의 자료가 있어야 할 텐데 판단 자료가 될 만한 보고서가 필요하다고 생각했다. 대한민국은 민주공화국이고, 대한민국에서 국민은 단지 다스림(통치)을 받는 피동적 존재가 아니라 대한민국의 모든 권력의 원천이 되는 능동적 시민, 주권자이기 때문이다. 대한민국은 민주공화국이고, 대한민국의 주권은 국민에게 있다는 헌법 제1조가 우리 삶 속에 글자 그대로 살아 있고 효력을 발휘한다면 말이다.

대한민국은 대통령제 국가라고 한다. 대통령이 국정의 중심에 있는 정부형태이다. 입법부와 행정부, 사법부의 3부가 분리되고 서로 견제하면서 균형을 이루는 권력분립의 국가 체제에서 대통령은 행정부의 수반(우두머리), 국군 통수권자이면서 국가 원수로서 대한민국을 대표하는 존재이다. 대통령이 국정운영의 중심에 위치하는 대통령 중심제 국가가 대한민국이다.

이런 대통령 중심제(대통령제)는 사실 미국이 창안해 낸 제도이다. 1787년 필라델피아에 모인 미국 식민지 대표 55인이 합의해서 그때까지 없던 제도로 만들어 낸 것이 대통령제이다. 그런데 강력한 권한을 가지는 한 명의 대통령에 최종적으로 합의하기는 했지만, 동시에 이런 막강한 권력을 부여받은 한 사람 대통령이 그 권한을 남용하여 영국의 왕처럼 국민 위에 군림하면서 국민에게 책임도 지지 않는 존재가 될 것을 우려했다. 그래서 대통령 탄핵제도를 설계하고 미국 헌법에 반영해 넣었다. 대통령제와 대통령 탄핵제도가 하나의 패키지처럼 동시에 미국 헌법에 반영된 것이다.

이후 미국의 대통령제와 대통령 탄핵제도는 독일이나 프랑스, 우리나라를 비롯한 여러 나라의 대통령제와 대통령 탄핵제도에 큰 영향을 미쳤다. 그래서 1948년 대한민국 제헌헌법을 설계한 유진오 선생 역시 제헌헌법의 대통령 탄핵제도가 미국의 대통령 탄핵제도를 도입한 것임을 분명하게 밝혔다. 이렇게 우리 제도가 미국 제도를 본받은 것이기 때문에 비록 탄핵의 사유가 미국과 좀 달리 규정되기는 했지만, 대통령 탄핵 사건에서 대통령을 어떤 요건 아래서 파면할 것인지의 해석과 적용에 있어서 미국 대통령 탄핵의 법리와 사례를 지침으로 할 수밖에 없다.

그런데 미국은 지금까지 약 230여 년 대통령 중심제를 운영하면서 대통령에 대한 탄핵소추가 1974년 닉슨 대통령의 워터게이트 스캔들에 따른 하원 법사위원회의 탄핵소추를 포함하여 5건 있다. 그리고 연방 법관의 탄핵소추가 15건으로 전부 스무 건 정도이다. 불행인지 다행인지 대통령 탄핵의 사례와 경험이 풍부한 나라이다. 1974년 닉슨 탄핵소추 이후에 1998년 클린턴 대통령 탄핵소추, 2019년 트럼프 대통령 1차 탄핵소추(권력 남용), 2021년 트럼프 대통령 2차 탄핵소추(내란 선동)로 면면히 이어져 내려왔다. 반면 우리나라는 2004년 탄핵 심판이 기각됐던 노무현 대통령 탄핵소추와 현직 대통령이 헌법재판소의 파면 결정을 받은 2016년 박근혜 대통령 탄핵소추가 있다.

이 책은 대통령 탄핵이란 주제, 특히 대통령 탄핵·파면의 사유가 무엇인지의 규명을 목적으로 한 일종의 쟁점 보고서이다. 그동안 미국과 우리나라의 대통령 탄핵 사례들을 분석하면서 "대통령은 어떤 사유로 탄핵될 수 있는지, 또 파면될 수 있는지?"라는 중요 쟁점을 다룬 보고서이다. 부디 국민 여러분께서 대통령 탄핵 사건의 재판관이 되었다고 상정하고, 대통령 탄핵재판에서 대통령을 탄핵·파면하는 것이 옳은지 그른지에 대해 나름대로 결론을 내리는 데에 이 책(보고서)이 조금이나마 도움이 되었으면 하는 바람이다.

2025년 1월

김 진 욱

목차

제1부

왜 탄핵인가

1장
탄핵이란 무엇인가

다시 탄핵

　　대한민국 대통령이 내란 범죄로 탄핵됐다. 2004년
과 2016년에 이어서 이번이 세 번째 대통령 탄핵이다. 국회
는 2024년 12월 14일 토요일 재적의원 300명 중 204명의 찬
성으로 윤석열 대통령에 대한 탄핵소추를 의결했다. 탄핵의
사유는 위헌·위법한 비상계엄의 선포와 국헌 문란의 내란 범
죄이다.

　현직 대통령이 내란을 일으켜서 나라의 헌정질서를 어지
럽혔다는 것으로, 국회는 구체적인 내란 행위로 국회를 무력

화하려 했다는 점을 꼽았다. 계엄사령부는 포고령을 통해 국회의 정치적 활동을 금지한다고 발표한 다음 무장 군인들을 동원해 국회의 유리창을 깨고 의사당 건물로 진입시켰고, 경찰은 국회의원들의 출입을 막으며 국회가 계엄 해제 결의하는 것을 물리적으로 차단했다는 것이다.

2024년 12월 3일 비상계엄이 선포된 밤 국회에서 벌어진 상황은 TV를 통해 생중계되어 많은 국민이 지켜봤다. 문제는 이것이 내란죄에 해당하는지, 현직 대통령을 탄핵·파면할 만한 사유가 되는지일 것이다. 우리나라 헌법 제65조에 따라 '직무수행에 있어서 헌법이나 법률을 위배한 경우'라는 탄핵사유에 해당하는지 말이다. 만일 대통령의 통치행위로 평가되어 사법심사 대상이 되지 않는다면 문제는 달라질 수도 있다.

우선 내란죄에 대해 살펴보자. 형법 제87조는 국토를 참절하거나 국헌을 문란할 목적으로 폭동한 자는 처벌한다고 규정한다. 내란의 수괴는 사형, 무기징역 또는 무기금고에 처한다. 사람을 살인한 경우, 사형, 무기징역, 5년 이상의 징역에 처하는 것에 비해 내란죄는 처벌 형량이 대단히 높다. '국헌문란'에 대해 형법 제91조는 '헌법 또는 법률에 정한 절차에 의하지 아니하고 헌법 또는 법률의 기능을 소멸시키는 것'과 '헌법에 의해 설치된 국가기관을 강압에 의해 전복 또는 그 권능 행사를 불가능하게 하는 것'의 두 가지로 정의했다. '전복'은 뒤집는다, 뒤집어엎는다는 말이다.

내란죄가 보호하려고 하는 법적 이익은 국가(대한민국)의 기본 질서이다. 내란죄는, 대한민국의 기본 질서를 뒤집어엎으려는 '국헌 문란'의 목적으로 다수가 폭행, 협박하면서 폭동을 일으킨 경우 성립한다. 내란죄는 '위험범'이다. 위험범은 법익(법적 이익) 침해의 위험이 생긴 것으로 충분하고 침해의 결과가 실제로 생길 필요까지는 없는 범죄를 말한다. 만일 내란이 성공하면 그때는 혁명으로 인정받고 새로운 질서가 수립되기 때문이다. 그래서 이런 내란 같은 경우, 헌정질서 전복의 위험만 있으면 죄가 성립되고 위험이 현실화하여 실제로 국가기관이 무력화될 필요까지는 없다(신동운,『형법각론』).

이번 대통령의 행위가 내란죄에 해당하는지는 결국 법원의 재판에 따라 판가름 날 것이다. 1심, 2심, 3심(대법원)의 재판 말이다. 반면 헌법 제65조의 '직무수행에 있어서 헌법이나 법률을 위배한 경우'에 해당하는지는 헌법재판소의 재판 결과에 따라 정해질 것이다. 민사나 형사, 행정이 법원의 재판 사항이듯이 헌법 문제는 헌법재판소의 판단 사항이다. 헌법재판소는 1, 2, 3심이 없고 한 번의 재판, 단심으로 끝난다.

탄핵이란

우선 탄핵이란 말의 뜻풀이부터 해보자. 한자어 '탄핵彈劾'은 규탄한다, 꾸짖는다는 뜻의 '탄彈'과 캐묻는다, 조사한다는 뜻의 '핵劾'이 합쳐진 말이다. 조사하고 캐묻고 꾸짖는다는 말인데, 결국 책임추궁 한다는 것이다.

이런 탄핵의 역사는 생각보다 오래됐다. 로마의 역사를 보면 집정관 선거에 도전했던 카틸리나Catilina가 내란을 일으키려 했다가 사전에 발각된 일이 있다. 그는 원로원에 의해 추방당했고 로마군에 의해 토벌됐다.

기원전 63년 카틸리나는 두 번째로 집정관 선거에 도전했다. 부채의 전액 탕감이라는 포퓰리즘 공약까지 내세우며 도전했으나 3등에 그쳐 낙선했다. 그 뒤 채무가 많은 불평분자와 퇴역 군인 등 불만 세력이 카틸리나 주변에 모여들었다. 그는 이들을 규합해서 로마에서 먼저 봉기를 일으키고 토스카나 지방에 궐기한 군대가 수도 로마로 진군하여 쿠데타를 완성한다는 계획이었다. 이런 계획을 알게 된 집정관 키케로는 그해 11월 8일 원로원을 소집하여 카틸리나를 탄핵하는 유명한 연설을 했다.

"카틸리나여, 언제까지 시험할 작정인가. 우리들의 인내를. 언제까지 모르는 척 시치미를 뗄 작정인가. 그대의 무모한 행위를. 다음에는 어떤 수법에 호소할 작정인가. 그대의 끝없는 야망을 실현하기 위해."

"그대의 음모는 이제 명백히 밝혀졌다. 그것을 깨닫지 못하는가, 카틸리나. 그대의 생각은 이제 누구나 다 알게 됐다. 어젯밤에 무엇을 했는가. 어디에 갔는가. 공모자 가운데 누구누구를 소집했는가. 거기서 무엇이 결정됐나. 설마 이런 사실을 그대만 모른다고 주장할 생각은 아니겠지."

"로마를 떠나라, 카틸리나여. 공화국을 공포에서 해방하기 위해 로마를 떠나라. 나는 그대에게 한 가지만 요구하겠다. 로마를 떠나라고."

그날 밤 카틸리나는 로마를 떠났다. 그러나 1만 2천 명의 노예와 빈민들과 함께 저항은 계속됐고, 결국 로마의 정규군에 의해 토벌됐다. 키케로가 로마 공화정을 수호했다고 볼 수 있는 대목으로, 소설가 시오노 나나미가 쓴 『로마인 이야기』의 기록이다. 키케로는 카틸리나 탄핵을 위해 원로원에서 몇 번의 연설을 했는데, 이 연설문은 나중에 친구를 통해 출판했다. 라틴어로 쓰인 명문 중 명문으로 지금까지 내려오고 있다.

로마 역사에는 이보다 500년 전의 탄핵 기록도 있다. 정치가는 목적을 위해 수단 방법을 가리지 않는다는 정치 신조로 유명한 마키아벨리Machiavelli가 1517년 완성한 『로마사 논고』

에 남아있다. 여기서 마키아벨리는 기원전 5세기 로마의 전설적인 장군 코리올라누스Coriolanus의 탄핵 사례를 들었다.

로마는 기원전 510년경 왕정에서 공화정으로 이행했다. 그 뒤 기원전 5세기경 코리올라누스 장군은 로마 공화정이 식량부족 사태에 직면하자 평민들에게 곡물 배급을 중단하고 굶주리게 함으로써 벌주고, 그들이 장악한 권한을 되찾아올 기회가 왔다고 원로원에 조언했다. 이를 전해 들은 평민들의 분노는 하늘을 찔렀다.

마키아벨리는 당시에 만일 호민관이 코리올라누스를 법정에 세워 자기 자신을 변론할 기회를 주지 않았다면, 그가 원로원을 떠나는 순간 평민들이 그를 살해해 버렸을 것이라고 지적했다. 마키아벨리는 이처럼 법률제도를 통해 시민들이 특정인에 대해 갖게 된 분노를 해소할 수 있는 배출구를 제공하지 않으면 공화국이 위험에 처할 수 있다고 했다. 이런 면에서 탄핵을 통해 책임을 추궁하고 변론할 수 있는 기회도 주는 것이 공화국에 꼭 필요한 제도라는 것이다. 탄핵이 공화국 체제의 수호와 유지에 기여하는 한편, 탄핵이 아니면 암살이 일어날 수 있다는 주장이다. 실제로 미국 건국의 아버지 벤저민 프랭클린도 1787년 헌법제정회의에서 비슷한 주장을 하면서 대통령 탄핵제도가 꼭 있어야 한다고 역설했다.

조선시대에도 탄핵은 있었다. 사헌부, 사간원, 나중에는 홍

문관 같은 기관이 관리들의 비행을 감찰한 뒤 왕 앞에서 고발하고 규탄하며 책임을 물었다. 관리가 뇌물을 받거나 횡령·착복하는 등으로 부정부패를 저지르면 탄핵당하는 것이 당연하다. 그러나 세종대왕 당시 임금의 총애를 받던 과학기술자 장영실이 세종을 위해 만든 가마가 부서지는 사고가 난 다음 탄핵받고 파면된 사례도 있다. 이처럼 업무 처리상의 잘못도 탄핵의 사유가 됐다.

조선의 탄핵제도는 사헌부, 사간원 등이 관리들에 대한 감찰과 조사에 이어 왕 앞에서 그 죄상을 묻고 파면을 주장하는 비판적 언론 활동을 통해 왕권을 견제했던 긍정적인 면이 있었다. 그러나 붕당정치, 당파싸움과 결합하면서 정적을 모함하고 제거하는 수단으로 활용되기도 했다. 유능한 인재가 축출되고 왕권이 약화하는 부작용도 있었다. 장영실 탄핵 사건만 보더라도, 노비 출신으로 자격루라는 물시계를 발명하기도 한 조선 최고의 과학기술자 장영실이 가마 사고의 여파로 탄핵·파면됨으로 인해 조선시대 과학기술이 상당히 퇴보했다는 평가가 많다.

탄핵impeachment의 의미

  물론 현재 우리 헌법에 규정되어 있는 대통령 탄핵
은 방금 언급한 탄핵과는 다른 탄핵이다. 우리 헌법 제65조
는 대통령, 국무총리, 국무위원 등이 직무집행에 있어서 헌
법이나 법률을 위반한 때에 국회는 탄핵의 소추를 의결할 수
있다고 규정한다.

 주권이 왕(군주)에게 있던 군주주권 시대의 탄핵은 왕 주위
에 있는 측근이나 대신을 탄핵하고 파면시킴으로써 결과적
으로 왕권을 견제하고 약화하는 제도였다. 그러나 다스림을
받는 백성(국민)의 뜻을 받들어 탄핵한 것은 아니었다. 반면
국민주권 시대의 탄핵은 나라의 주권자인 국민의 대표인 국
회가 국민의 뜻을 받들어서 탄핵을 발의하고 소추하는 제도
이다. 이 책에서 다루는 탄핵 역시 나라의 주인인 국민의 뜻
을 받들어서 진행되는 탄핵이다. 영어 'impeachment'의 번역
어로서의 탄핵이다. 'impeach'의 의미는 부정이나 비행 따위
에 대한 책임추궁을 목적으로 조사하고 기소하거나 고발한
다는 뜻이다. 즉 탄핵은 형사절차에서 검사가 공소 제기하는
것과 비슷한 활동이다.

 그런데 이런 탄핵impeachment에 있어서는 영국식 탄핵제도와
미국식 탄핵제도라는 상이한 제도가 있다. 1948년 우리나라

는 제헌헌법을 만들면서 영국식 탄핵제도가 아니라 미국식 탄핵제도를 도입했다. 18세기 말 미국이 영국과 독립전쟁에서 승리해 독립한 뒤 연방헌법을 제정하며 미합중국을 설립할 때 만든 미국식 탄핵제도를 도입한 것이다.

영국에서의 탄핵

　　영국식 탄핵은, 영국 의회가 왕의 측근이나 대신들을 처벌하거나 파면하기 위한 목적으로 하원이 소추하고 상원이 재판하는 형태의 절차였다. 앞서 본 대로 탄핵impeach에는 기소prosecute한다거나 고발한다는 의미가 있는데, 국민에 의해 선출되고 국민을 대표하는 하원이 관리들의 비행을 국민의 이름으로 고발하면서 재판권을 가진 상원에 기소했던 활동이 바로 탄핵이었다. 그리고 하원의 이런 탄핵(또는 기소) 활동에 대해 상원이 재판했던 것은, 영국 상원이 2009년경까지 영국의 최고 법원으로 기능하면서 재판 업무를 수행해 왔다는 점을 생각해 보면 아주 자연스러운 일이었다. 영국은 2005년 헌정 개혁법에 따라 2009년 대법원이 설립됐고 상원의 재판 기능을 대체했다. 그때까지는 상원이 최고 법원이었다.

　영국 의회가 이렇게 한 것은 왕은 아무런 오류도 저지르지 않는다는 원리(국왕 무오류), 아무런 책임도 지지 않는다는 원리(국왕 무책임)가 지배했기 때문이다. 직접 겨냥할 수 없는 왕 대신 왕의 측근이나 대신들을 하원이 소추하고 상원이 재판을 통해 처벌하거나 파면함으로써 왕권 견제라는 목적을 달성하고자 한 것이다.

영국은 근대적 의미의 의회parliament가 탄생한 곳이다. 중세 시대 '봉신회의'라고 해서 왕과 귀족, 성직자들이 모여서 중요한 국사를 논의하던 회의체가 있었다. '의회parliament'라는 말에는 본래 의논한다는 뜻이 들어 있었다고 한다. 당시 의회는 원래 국왕(군주)이 고관대작과 고위 성직자 등을 소집하여 국사를 논의하는 자문회의의 성격이었던 것이다.

그러다가 1265년 영국 에드워드 1세의 고모부였던 시몽 드 몽포르가 소집한 의회에는 각 주에서 기사(군인)와 평민의 대표자도 소집됐다. 이것이 관례가 되어 에드워드 1세 이후 영국에서는 왕이 귀족이나 성직자뿐만 아니라 기사나 평민의 대표도 소집해서 자문하는 전통이 생겼다. 소집 목적은 크게 두 가지였다. 하나는 세금을 납부할 사람들에게 미리 알려주면 징수하기 편리하다는 것이었다. 다른 하나는 교통이 불편하여 여론을 통일하기 곤란했으므로 전국에서 온 대표자들에게 왕국의 정세를 설명하면 각기 고향에 돌아가 이를 잘 전달하여 왕에게 유리한 분위기를 만들 것이라는 기대였다. 비록 이렇게 시작된 의회였지만, 그 후 영국에서는 성직자 계급의 자발적인 기권과 기사와 평민 계층의 결합이라는 사정이 더해져서 의회가 상원(귀족원)과 하원(평민원)으로 나뉘어 구성되는 전통이 생겼다. 또 의회는 소집된 본래 목적과 달리 왕권을 견제하고 통제하기 시작했다(앙드레 모루아, 『영국사』). 이렇게 평민들의 하원과 귀족들의 상원이 명확히 구분된 것은 1339년경 에드워드 3세 치하였다.

영국의 탄핵제도는 이런 배경 아래서 왕의 측근 대신들이나 고관들의 비행에 대해 하원이 탄핵을 소추하고 상원에서 재판하여 처벌하거나 파면하는, 의회 내의 관행으로 운용됐다. 1376년 첫 탄핵 사건이 있었고, 1805년 마지막 탄핵 사건에 이르기까지 400년 넘게 탄핵 절차가 운영됐다.

영국은 법전이 있는 성문법 국가가 아니라 코먼 로common law라고 불리는 보통법이 지배하는 불문법 국가이다. 군주가 주권을 가진 군주주권 체제 아래서 왕의 측근이나 고관 같은 실세들을 보통법으로 법원이 재판하여 처벌하기는 쉽지 않았기 때문에 하원이 직접 소추하고 최고 법원인 상원이 재판하는 관행이 생기면서 점차 자리를 잡은 것이다. 영국의 탄핵은, 하원의 탄핵소추에 대해 상원이 탄핵재판을 진행한 뒤 사형, 징역형, 벌금형 등으로 처벌했다. 하원의 탄핵소추는 검사의 공소제기 같은 것이었고, 탄핵재판은 형사처벌을 위한 절차였던 셈이다.

흥미로운 점은 탄핵impeachment이란 말에는 증인의 신빙성에 대해 의문을 제기한다는 뜻도 있다는 것이다. 우리나라 대통령 탄핵재판에서도 탄핵소추를 당한 대통령 측에서는 탄핵을 소추한 국회 측이 내세우는 증인들의 진술이 믿을 수 없다며 그 신빙성을 '탄핵'할 것이 예상된다.

미국에서의 대통령 탄핵

미국은 200년가량 영국의 식민지였다. 영국의 제임스 1세가 1607년 북아메리카 대륙에 버지니아 식민지 개척을 허락한 이래 1732년 조지아 식민지에 이르기까지 미국의 동부 해안에 13개 영국 식민지가 개척되었다. 뉴욕, 뉴저지, 뉴햄프셔, 매사추세츠, 코네티컷, 로드아일랜드, 펜실베니아, 델라웨어, 노스캐롤라이나, 사우스캐롤라이나, 조지아 등이다. 이들 식민지는 영국의 조지 3세(1760년~1801년 재위)가 식민지에 대한 과세를 강화하자 반발하면서 1775년 영국과 독립전쟁을 시작했다. 1776년 영국령 북아메리카 13개주 대표들이 모여서 독립선언을 한 뒤 1777년 연합헌장을 채택하고 국가연합을 구성했다. 13개 식민지가 주권을 가진 국가로 국가 간 연합체를 만든 것이다. 식민지들은 1783년까지 이어진 독립전쟁에서 결국 승리했고 파리조약의 체결로 독립을 인정받았다.

미국 식민지들이 비록 독립전쟁에서 승리하기는 했지만 각 주들이 독립된 국가처럼 주권을 행사하는 취약한 체제였다. 국가연합을 이끄는 중앙정부가 없었기 때문에 각 주들이 외국과도 독자적으로 교섭하고 교역했고, 국가연합이 세금을 징수하거나 주들 간에 상업을 규제하지도 못하는 체제였다. 이런 느슨한 국가연합 체제의 무능과 비효율로 인해 경제상황이 악화되어도 제대로 대응하지 못하였고, 독립전쟁의 영웅 셰이즈Shays가 반란을 일으키는 사태까지 일어났다. 1786년 가을과 겨울에 걸쳐서 매사추세츠를 휩쓸었던 이 반란 사태가 국가연합 체제에 대한 위기의식을 불어넣었다. 이런 위기 속에서 미국의 존속과 번영을 이루기 위해서는 입법부 중심의 기존 국가연합 체제로는 국가 운영이 어렵다고 생각한 각 주의 대표들은 1787년 5월 말 필라델피아에 모였다. 당초에는 연합헌장을 수정할 목적이었지만 더 나아가 완전히 새로운 체제에 합의했다. 미국 연방헌법은 이렇게 탄생했다. 각 식민지에서 파견된 55인의 대표들이 같은 해 9월 중순까지 긴 논의 끝에 헌법 초안 제정에 최종 합의했다. 필라델피아에서 모였던 이 회의는 헌법제정회의Constitutional Convention라

불리고, 참석한 대표들은 연방헌법의 기초자들Framers로 불린
다(조지형, 『대통령의 탄생』).

　연방헌법의 기초자들이 결국 합의한 것은 기존의 느슨한
국가연합 체제가 아니라 강력한 중앙정부를 가진 연방국가
를 만들자는 것이었다. 이를 위해서는 강력한 리더십을 가지
고 미국 연방의 중앙정부를 이끄는 존재가 필요하다. 이런
차원에서 대통령제도가 설계됐다. 연방의 행정부를 이끌면
서 군을 통수하고 외국과 조약을 체결하며 입법에 대한 거부
권도 행사하는 강력한 권한을 한 사람, 대통령에게 부여하기
로 한 것이다. 이를 연방헌법에 규정했다.

　그런데 연방헌법의 기초자들로서는 이렇게 강력한 권한을
가진 대통령이 부여받은 권력을 남용하지 않을까 하는 우려
가 컸다. 이 때문에 대통령의 권력 남용에 대한 대책의 의미
와 미국 헌정 수호의 취지로 대통령 탄핵제도를 연방헌법에
함께 규정했다. 대통령제와 대통령 탄핵제도를 하나의 패키
지처럼 헌법에 함께 규정한 것이다. 그 핵심 조항이 바로 연
방헌법 제2조 제4항이다. "대통령, 부통령, 연방의 민간인 공
무원은 반역죄, 수뢰죄, 그 밖의 중대한 범죄와 비행으로 탄
핵소추를 받고, 유죄판결을 받는 경우 그 직에서 면직removal된
다."라는 내용이다. 이렇게 해서 미국식 탄핵은 영국식 탄핵
과 완전히 결별했다. 영국에서는 탄핵재판이 기본적으로 형

사처벌 절차로 운용됐지만, 미국에서의 탄핵은 공직에서 면직(파면)하는 절차일 뿐이다. 민사나 형사절차는 탄핵이라는 헌법재판과 별도로 운영된다.

미국 연방헌법의 기초자 중 하나로 현재 미국 10달러 지폐에 얼굴이 새겨진 미국 건국의 아버지가 있다. 알렉산더 해밀턴이다. 연방헌법이 제정된 후 각 주의 비준(동의)을 받아야 했는데 뉴욕주에서는 비준에 반대하는 목소리가 컸다. 이에 알렉산더 해밀턴 등은 연방헌법을 옹호하면서 『연방주의자 논설』을 썼다.

여기서 해밀턴은 연방헌법의 탄핵조항을 들면서 미국의 대통령을 영국의 왕과 비교해서 설명하고 있다. "미국의 대통령은 탄핵되어 재판받을 수 있고 반역죄, 수뢰죄, 그 밖의 중대한 범죄와 비행을 이유로 유죄판결을 받으면 파면되고, 이후 통상적 사법절차에 따라 기소되고 처벌받을 수 있다. 그러나 영국의 국왕은 신성하며 불가침이다. 영국의 왕이 복종할 의무가 있는 법정은 없고 혁명이 일어난 경우를 제외하고는 그를 처벌할 수도 없다(『연방주의자 논설』 69번)."

1787년 미국 연방헌법이 제정된 뒤 지금까지 미국에서의 대통령 탄핵 사례는 최근 트럼프 대통령 탄핵까지 5건 정도이다. 남북전쟁 후 남부의 재건정책을 둘러싸고 대통령과 의회가 주도권 싸움을 벌이던 와중에 의회가 대통령을 공직임기보장법 위반을 이유로 탄핵소추한 사례(1868년 앤드루 존슨 대통령), 워터게이트 스캔들 은폐 등을 위해 대통령이 권력을 남용하여 연방수사국FBI이나 국세청IRS 등의 국가기관을 동원해 국민의 기본권을 침해하고 사법절차를 방해했다는 등의 사유로 탄핵소추한 사례(1974년 닉슨 대통령), 대통령이 백악관 인턴 르윈스키와의 성 추문 사실을 은폐하기 위해 연방대배심 앞에서 위증하고 사법절차를 방해했다는 사유로 탄핵소추한 사례(1998년 클린턴 대통령), 2020년 11월 예정된 미국 대선에 외세를 끌어들이고 의회의 조사를 방해했다는 사유로 탄핵소추한 사례(2019년 트럼프 대통령 1차 탄핵), 2020년 미국 대선에서 패배하자 부정선거를 주장하면서 대선 결과에 불복하고 지지자들을 선동하여 의회에 난입하도록 했다는, 내란 선동을 사유로 탄핵소추한 사례(2021년 트럼프 대통령 2차 탄핵)가 그것이다. 물론 이런 사례들 가운데서 상원의 탄핵재판에서 단 1표 차이로 대통령이 가까스로 파면을 면한 1868년 앤드루 존슨 대통령 사례가 있을 뿐이고, 상원에서 대통령 파면이 의결된 사례는 아직 없다.

미국의 대통령 탄핵 사례에서 간과하지 말아야 할 중요한 점으로 1974년 닉슨 대통령 탄핵소추 이래, 대통령에 대한 탄핵소추에는 대개 그 이전에 특별검사에 의한 수사investigation가 선행되었다는 점이다. 특검 수사와 대통령 탄핵이 하나의 패키지처럼 함께 진행됐다. 특히 1998년 클린턴 탄핵의 경우에는 케네스 스타 특별검사의 보고서가 나오자 하원이 별도의 탄핵 조사impeachment inquiry 없이 탄핵소추를 발의한 경우도 있다.

한국에서의 대통령 탄핵

우리나라는 1945년 8월 15일 일본의 식민 지배에서 해방된 지 3년 후 1948년 7월 17일 제헌헌법을 제정했다. 당시 제헌국회에서는 정부형태로 의원내각제를 하기로 거의 합의가 이루어졌다. 그러나 당시 제헌국회의 국회의장 이승만이 헌법 기초위원회에 참석하여 정부형태를 대통령제로 바꾸지 않으면 자신은 하야하여 국민운동을 전개하겠다며 강력하게 반대했다. 그 결과 막판에 정치적 합의가 이루어져 급작스럽게 대통령제로 정부형태가 바뀌었다(김진욱, 『공수처, 아무도 가지 않은 길』).

제헌헌법의 기초자였던 유진오 박사는 대통령 탄핵에 관한 제46조도 초안했다. '그 직무수행에 관하여 헌법 또는 법률에 위배한 때'를 탄핵사유로 했다. 탄핵재판의 효과에 대해서는 제47조에서 "탄핵판결은 공직으로부터 파면함에 그

친다."라고 했다. 유진오는 제헌헌법의 탄핵조항에 대해 "탄핵소추에 관해서 미국 헌법 제2조 제4항은 "대통령, 부대통령, 기타 합중국의 모든 문관은 반역죄, 수뢰죄 또는 기타의 중죄와 경죄에 관하여 탄핵을 받아 유죄의 판결이 있을 때에는 그 직을 잃는다."라고 규정하였으므로 미국에서의 탄핵은 형사범죄의 경우에 한한다는 것이 통설이 되어 있으나, 본조에 있어서는 그 직무수행에 관하여 헌법 또는 법률에 위배한 때에는 탄핵의 소추를 받는다고 하였으므로 이는 형사범죄의 경우에 한하지 않음은 물론이며, 대통령이 공포하여야 할 법률을 공포하지 않았다든가 국무총리나 국무위원이 집행하여야 할 법률을 집행하지 않았다든가 하는, 헌법이나 법률에 위반하는 사유가 있을 때에도 그를 탄핵할 수 있는 것이다."라고 해설했다(유진오, 『신고 헌법해의』).

제헌헌법의 기초자 유진오 박사가 대통령 탄핵의 사유로, 어떤 행위를 한 것을 예로 든 것이 아니라 공포하여야 할 법률을 공포하지 않았다거나 집행하여야 할 법률을 집행하지 않았다는 등으로 해야 할 행위를 하지 않은 것을 사유로 든 것은, 자못 의미심장하다.

결론적으로 우리나라는 1948년 제헌헌법을 제정하면서 형사처벌 위주의 영국식 탄핵제도를 도입한 것이 아니다. 대통령이 '탄핵판결'을 받으면 형사처벌이 아니라 공직에서 파면

되도록 정한 미국식 탄핵제도를 도입한 것이다.

오늘날 탄핵이란 무엇인가

탄핵이란 무엇인가? 이 질문은 단지 '탄핵'이란 말의 정의가 무엇인지 묻는 취지는 아닐 것이다. 오늘날 우리에게 탄핵이란 무엇인가? 또는 무엇이 되어야 하는가? 특히 대통령 탄핵이라면, 대통령의 탄핵·파면은 어떤 의미인가? 이런 차원의 질문들일 것이다. 결국 대통령 탄핵의 본질과 목적이 무엇인지를 묻는 것이다.

먼저 대통령을 비롯한 고위공직자에 대한 탄핵은 우리 헌법 제65조, 그리고 헌법재판소법 제48조, 제53조 등이 규정하는 하나의 제도이다. 헌법과 법률에 규정된 제도란 말이다. 또한 국회가 헌법 제65조 제1항에 따라서 탄핵소추를 의결하면 헌법재판소법 제48조부터 제54조에 따라서 헌법재판소의 심판(재판)절차가 진행되므로, 헌법과 법률에 규정된 하나의 절차이기도 하다. 이처럼 탄핵은 하나의 제도이자 절차이다.

대통령 탄핵을 구체적 사건에 적용하여 국회의 탄핵소추, 그 뒤 이어지는 헌법재판소의 탄핵재판, 그리고 탄핵의 인용으로서 대통령 파면이냐, 아니면 탄핵의 기각, 즉 대통령의 직무 복귀냐를 결정함에 있어서는 이런 제도나 절차의 본질이 무엇인지, 대통령 탄핵이 어떤 배경과 맥락에서, 어떤 목적으로 생긴 제도인지에 대한 올바른 이해가 선행되어야 한다.

만일 탄핵이란 제도의 본질이나 목적에 대한 올바른 이해 없이 단지 헌법과 법률(예컨대 헌법재판소법)의 관련 조문 몇 개를 가지고 적당히 해석하고 구체적인 사건에 적용하는 식으로 기술적으로 이 문제에 접근한다면, 일반인들의 건전한 상식에도 반하고 동떨어진 그야말로 법률가들의, 그들만의 리그에서나 통할 법한 결론으로 귀결될 수도 있다. 대한민국의 미래에 도움이 되지 않을 것임은 물론이다.

탄핵의 제도적 특징으로 우선 생각해 볼 수 있는 것은 첫째, 탄핵은 우리나라의 탄핵도 그렇고 미국이나 영국도 그렇고, 독일이나 프랑스도 그렇고 탄핵제도를 두는 모든 나라에서 예외 없이 의회(국회) 주도로 시작되는 절차라는 점이다. 의회가 탄핵을 소추(즉 기소)해야 탄핵 절차가 시작된다.

둘째, 탄핵의 대상은 의회(국회) 의원은 그 대상이 아니고 대통령 같은 행정부의 고위공직자나 사법부의 고위공직자라는 점이다.

셋째, 의회(국회) 주도로 시작되는 탄핵에 있어서 우리나라도 그렇고 미국도 그렇고 탄핵 절차를 시작하는 것은 의회(국회)의 재량 사항이라는 점이다. 실제로 미국에서도 1980년

대 레이건 대통령이 이란 콘트라 스캔들Iran-contra scandal에 연루되어 미국 의회에서 탄핵이 심각하게 논의됐지만 결론적으로 탄핵을 소추하지 않기로 한 사례가 있다. 우리 헌법도 제65조 제1항의 탄핵소추 조항을 보면 대통령 등이 직무집행에 있어서 헌법이나 법률을 위배한 때에 "국회는 탄핵의 소추를 의결할 수 있다."라고 되어 있다. "탄핵의 소추를 의결하여야 한다."가 아니라는 말이다.

넷째, 탄핵의 효과는 탄핵제도가 시작된 영국에서는 형사처벌까지 하는 절차였지만, 현재 미국이나 우리나라 등에 있어서 탄핵재판의 최종적인 효과는 '공직에서의 파면'이다. 즉 탄핵은 대통령 등 고위공직자를 형사처벌하기 위한 절차가 아니고, 해당 공직에서 파면하기 위한 절차이다. 국민의 이름으로 하는 파면 절차이다.

이처럼 탄핵제도를 두는 모든 나라에서 예외 없이 의회(국회) 주도로 탄핵이 시작된다는 측면, 그리고 국회가 상원과 하원의 양원으로 나뉘는 국가의 경우에는 의회 중에서 하원이 탄핵을 소추(즉 기소)해야 탄핵 절차가 시작된다는 점은 탄핵제도가 국민의 의사를 반영하고 대변하는 민주적 제도라는 점을 잘 말해 준다. 미국 연방헌법은 인구비례로 선출되는 의원들로 구성되는 하원이 탄핵소추권을 독점한다고 명시하고 있다. 물론 탄핵소추가 국회(의회)의 재량 사항으로 되어 있어서 국회(의회)가 대통령에 대한 탄핵소추를 할 수도 있고 하지 않을 수도 있지만, 탄핵이 본질적으로 국민의 의사를 반영하여 국민의 이름으로 하는 민주적 제도라면 국민 다수의 반대에도 불구하고 국회가 탄핵소추를 일방적으로 의결해 버리거나 아니면 국민 대다수의 탄핵 의사에도 불구하고 국회가 진행하지 않고 무시할 수는 없는 것이다.

다음으로 탄핵의 대상이 대통령 같은 행정부의 고위공직자나 사법부의 고위공직자이고, 탄핵의 최종 목표가 형사처벌이 아니라 공직에서의 파면이라면, 대통령 탄핵은 대통령이 더 이상 대통령 자리에 있어서는 안 되겠다는 국민의 의사를 모아서 국회(의회)가 대통령을 대통령직에서 끌어내리는, 헌법과 법에 따른 평화적이고도 합법적인 절차이다.

이런 점에서 탄핵재판의 본질은 형사재판이 아니고 헌법재판이다. 형사재판은 범죄 구성요건에 해당하는가, 위법한가, 책임이 있는가의 문제이다. 그러나 탄핵재판에서 문제 되는 것은, 국가나 국민에 대한 대통령의 헌법적 책임이다. 미국 연방헌법 기초자들이 우려했던 대로 국정운영의 중심에 있는 대통령이 때로 헌정질서를 중대하게 어지럽히거나 심각한 위험이 될 수 있는데, 이런 경우 헌정질서를 수호할 목적으로 의회(국회)의 주도로 대통령을 대통령직에서 파면하는 절차가 탄핵이다. 헌법이 규정하는 특별한 징계 절차인 것이다.

절대 권력에 대한 견제와 헌정질서 수호 장치로서의 탄핵

19세기 영국의 역사학자이자 법철학자 액튼 경 Lord Acton은 "권력은 부패하는 경향이 있고, 절대 권력은 절대적으로 부패한다."라는 유명한 말을 남겼다. "Absolute power corrupts absolutely(절대 권력은 반드시 부패하게 마련이다)."라는 것이다.

우선 '권력power'이 무엇인지부터 살펴보자. 한국에서 이공계로 대학을 졸업하고 철학의 나라 독일로 유학 가서 독일어로 철학 책을 써서 독일 지성계에 큰 파문을 일으킨 한국인이 있다. 독일에 있는 한병철 교수이다. 그는 『권력이란 무엇인가』에서 권력을 다음과 같이 정의했다. 권력은 나ego에게 다른 사람에 대한 고려 없이 나의 결정을 관철하는 능력이다. '다른 사람(타자)'이 어떻게 생각하는지, 좋아하는지, 싫어하는지와 아무런 상관없이 나ego의 의지에 따라 내가 내린 결정에 대해 다른 사람은 따르고 복종하는 관계가 되는 것이다. 이때 나는 '권력자'이고 다른 사람은 권력에 '복종하는 자'가 되며, 둘 사이의 관계는 '권력관계'가 되는 것이다. 이런 권력관계가 성립하면, 권력에 복종하는 자는 스스로(자발적으로) 권력자가 원하는 행동을 하려고 하고, 권력자의 의지가 마치 자신의 의지라도 되는 양 미리 알아서 따르게(알아서 기게) 된다는 것이다.

권력의 이런 속성과 영향력은 2017년 박근혜 대통령 탄핵 사건의 헌법재판소 결정문에도 잘 나타나 있다. 결정문에 따르면 박 대통령은 소위 '문화융성'이라는 국정과제 수행을 위해 최순실에 의해 좌지우지될 재단법인 미르와 재단법인 K스포츠의 설립이 필요하다고 판단하고 사기업에서 돈을 내서 재단을 설립하도록 경제수석비서관에게 지시했다. 이런 지시를 받은 경제수석비서관은 전국경제인연합회(전경련)을 통해서 기업들에 수십억씩을 재단에 출연할 것을 요구(요청) 또는 권고했다.

헌법재판소는 이에 대해 "피청구인(박근혜)의 요구를 받은 기업은 현실적으로 이에 따를 수밖에 없는 부담과 압박을 느꼈을 것으로 보이고 사실상 피청구인의 요청을 거부하기 어려웠을 것이다."라고 했다. 이어서 피청구인의 이런 행위는 "기업의 임의적 협력을 기대하는 의견제시나 권고가 아니라 구속적 성격을 지닌 것으로 평가된다."라고 판단했다.

자신의 계산과 책임하에 기업을 경영하는 대기업 회장은 대통령의 지휘를 받는 행정부 공무원도 아니고, 대통령의 명령이나 지시에 따를 아무런 의무가 없다. 그러나 기업을 경영하면서 여러 가지 애로사항도 많은 입장에서, 나라의 최고 권력자 대통령이나 대통령실의 돈 좀 내달라는 요청이나 권고를 따를 법적 의무는 비록 없지만, 따르지 않을 경우, 혹시라도 불이익이라도 있지 않을까 하는 심리적 부담감과 압박감을 느끼고 따랐을 것으로 헌법재판소가 판단한 것이다. 대통령과 기업인들 간에 대통령 권력에 복종하는 권력관계가 성립한 것이다. 박근혜 대통령은 이런 문제들 때문에 1심, 2심, 대법원의 형사재판을 받고 징역형이 확정됐다.

이처럼 권력은 그 속성상 별다른 견제를 받지 않을 때 국민의 자유와 권리를 무시하거나 침해할 가능성이 크다. 더 나아가서 헌정질서를 무시하고 그 위에 군림하려 하면서 헌정질서의 파괴에까지 이를 수 있다. 헌정질서에 대한 심각한 위험이 아닐 수 없다. 만일 대통령이 아무런 견제도 받지 않으면서 권력이 유지된다면 대통령의 임기가 끝나기만을 기다리거나 다음 선거까지 심판을 유예하는 것은 실효성 있는 대책이 될 수 없다. 미국 연방헌법의 기초자들도 바로 이런 점을 우려했다. 비록 대통령의 임기를 4년으로 비교적 짧게 정했지만, 다음에 있을 선거까지 대통령을 계속 그 자리에 두는 것이 위험한 경우도 있으므로 대통령 탄핵제도를 둔 것이다.

이런 점에서 대통령 권력에 대한 견제와 통제를 통해 절대 권력이 되지 않도록 방지하는 것, 그리고 견제받지 않는 권력이 되어서 헌정질서를 위협하는 경우 대통령 탄핵을 통해 이를 교정함으로써 헌정질서를 수호하고 유지하는 것이 탄핵의 본질이자 목적이다. 이처럼 대통령에 대한 탄핵은 권력에 대한 견제와 교정, 헌정질서의 수호와 유지를 목적으로 한 특별한 헌법적 장치로 고안된 것이다. 헌정 수호를 위한 비상 대응 장치Emergency Response Device가 곧 탄핵이다.

절대 권력이란 무엇인가

"절대 권력은 반드시 부패하게 마련이다Absolute power corrupts absolutely."라는 명언을 앞에서 보았는데 아무런 견제를 받지 않는 이런 '절대 권력absolute power'은 권력을 남용할 우려가 크다. 민주공화국 체제 아래서는 대통령 권력이든 그 어떤 권력이든 법의 지배를 받고 법 아래에 있어야 하는데, 권력자가 되면 법 위에 있으려고 군림하려고 하면서 권력을 함부로 휘두를 수 있다. 그래서 견제가 필요하다.

사실 권력의 속성은, 한번 권력을 잡으면 그 권력을 누구와 나누기 싫어하고 오히려 자신의 권력을 점점 확장하려는 경향이 있다. 또한 권력은 크면 클수록 남용 가능성이 있다. 역사와 인간의 경험이 증명하는 사실이다.

'남용'에는 일정한 기준이나 한도를 넘어서 함부로 쓴다는 의미, 그리고 권리나 권한 따위를 본래의 목적이나 범위를 벗어나 함부로 행사한다는 사전적 의미가 있다. 권력에는 자신의 정해진 한계, 예컨대 입법, 행정, 사법이라는 테두리를 넘어서 다른 권력의 영역을 침범하면서 함부로 권력을 행사할 우려가 있다. 권력이 '오용misuse'되는 것이다. 또한 권력이 정해진 테두리 안에서 자기 권한을 행사하는 경우라도 그런 권한을 준 본래의 목적이 아닌 다른 목적, 예컨대 개인적, 사적인 이익의 취득을 위해, 또는 허용되지 않는 동기로 공적인 권한을 행사하는 수가 있다. 좁은 의미의 권력의 '남용'이다. 그러나 사전에서 말하는 권력의 남용은 '오용'도 포함하는 것이다.

다음으로 '부패corrupt'의 사전적 의미는 변질된다, 타락한다는 뜻이다. 그러므로 "절대 권력은 반드시 부패하게 마련이다."라는 말은 견제받지 않는 권력은 틀림없이 변질·타락한다, 썩는다는 말이다. 따라서 권력이 변질되고 타락하지 않도록 하기 위해서는 적절한 견제를 받아야 한다. 그래야 건강한, 건전한 권력이 될 수 있다.

이런 절대 권력을 가진 군주제를 서양 역사에서는 절대 왕정absolutism으로 불렀다. 예컨대, "짐은 곧 국가다."라는 유명한 말을 남겼던 프랑스의 태양왕 루이 14세가 바로 그런 절대 왕정의 절대 군주였다. 1643년 프랑스 왕으로 즉위해 1715년까지 통치한 루이 14세는, 볼품없던 시골 마을 베르사유에 엄청난 돈과 50년의 시간을 들여 화려함의 극치를 이룬 베르사유 궁전을 짓고 1682년 그 궁전에 입주했다. 자신이 곧 프랑스라는 국가라고 선언했을 정도로 루이 14세는 나라의 주권이 군주 한 사람에게 있는, 군주제의 면모를 유감없이 보여준 왕이었다.

1509년 아버지에 이어서 18세에 영국의 왕이 된 헨리 8세 역시 이런 절대 군주였다. 왕으로 즉위한 뒤 과부가 된 형수 스페인 왕 페르난도 2세의 딸 아라곤의 캐서린과 결혼했다. 그러나 캐서린과의 결혼을 무효로 하고 시녀 앤 불린과 결혼하고 싶어 했다. 그는 로마 교황이 허락하지 않자 가톨릭과 결별을 선언하고 영국 국교회Church of England를 설립한 뒤 국교회의 수장(우두머리)이 된다. 왕으로 있으면서 새로 종교까지 만들어 우두머리가 된 절대 군주였다. 『유토피아』를 써서 유명한 토머스 모어Thomas More는 원래 헨리 8세의 신하이자 가까운 친구였다. 그러나 토머스 모어는, 헨리 8세가 교황의 권위를 부정하고 국교회 수장이 되자 국교회 수장에 대한 충성 맹세를 거부했다. 결국 모어는 반역죄로 기소되어 처형됐다.

절대 권력이 변질, 타락한 예는 1776년 애덤 스미스가 쓴 『국부론』을 통해서도 알 수 있다. 인류 역사를 보면 권력이 타락하면 어김없이 뇌물을 받는다. 영국에서 왕은 다른 나라의 절대 군주들처럼 입법, 행정, 사법의 권한을 모두 행사했다. 권력이 왕에게 집중된 것이다. 영국 왕들이 재판권을 행사하면서 재판에서 선처를 바라는 사람들로부터 뇌물을 받고 재판하곤 했음을 애덤 스미스는 책에서 지적했다. 그는 이런 뇌물 수입 자체가 왕에게 경제적으로 상당한 액수의 수입이 되었고 나라의 부wealth의 원천이 되었음을 『국부론』에 적었다(김진욱, 『공수처, 아무도 가지 않은 길』).

절대 군주와 탄핵, 그리고 법의 지배

견제받지 않았을 뿐 아니라 견제라는 것 자체를 몰랐던 절대 권력자들은 법 위에 있는, 법을 초월한 존재였다. 왕은 단지 모범을 보이기 위해 법을 준수할 뿐이고, 예외적인 경우 법을 무시해도 된다고 생각했다. 그 예외라는 것 역시 왕이 정한다고 봤다(앙드레 모루아, 『영국사』). 법을 만드는, 법의 원천이 되는 왕은 법을 지킬 의무가 없고, 법은 아랫것들이나 지키는 것이라는 게 절대 군주가 생각하는 법이었다.

영국과 프랑스는 백년전쟁(1337~1453년)으로 불리는 긴 전쟁을 계기로 서로 간의 영토가 정리되고 왕권이 강화되면서 중앙집권적 군주국가로 수립됐다. 절대 군주의 시대가 열린 것인데, 이런 절대 군주들은 왕권은 신으로부터 부여받은 것이라는 '왕권신수설'을 믿어 의심치 않았다. 왕의 권위가 신에게서 유래한 것이라면 이런 왕권에 도전하는 것은 신의 권위에 도전하는 불경한 일이었다.

1603년 3월 영국의 엘리자베스 1세 여왕이 서거했다. 이와 함께 튜더 왕조도 끝이 났다. 당시 스코틀랜드 왕이었던 제임스 1세가 남쪽으로 내려와 스코틀랜드와 잉글랜드의 왕이 됐다. 남북의 왕조가 통일되면서 스튜어트 왕조가 열렸다. 1625년까지 두 나라를 다스렸던 제임스 1세의 치하에서 셰익스피어(1564~1616)는 전성기를 구가했다. 영국 경험론의 선구자로 유명한 프란시스 베이컨Francis Bacon 역시 이 시대에 활동했다. 철학자이자 과학자로 유명한 베이컨은 본래 제임스 1세가 총애하는 측근 신하 중 하나였다. 제임스 1세의 중앙집권적 통치 체제와 왕권신수설을 옹호하던 베이컨은, 제임스 1세의 통치가 끝나갈 무렵 1621년 왕과 의회 간의 갈등이 심화되면서 뇌물 수수 혐의로 하원에서 탄핵당하고 상원의 재판 결과 4만 파운드의 벌금과 공직 박탈이라는 처벌을 받았다.

베이컨의 탄핵을 주도한 사람 중 하나로 영국에서 법의 지배rule of law 확립에 큰 역할을 한 에드워드 코크Edward Coke가 있다. 1608년 제임스 1세는 판사들도 왕의 대리인에 불과하므로 왕은 어떤 사건이든 판사가 아닌 다른 신하에게 재판하라고 할 수 있다고 선언했다. 그러자 판사를 대표한 에드워드 코크는, 왕이 재판할 수는 없고 법원만이 법(보통법)과 영국의 관습에 따라 재판할 수 있을 뿐이라고 반박했다. 그는 비록 왕이 뛰어난 학문과 탁월한 품성을 가진 것은 사실이나 영국의 법과 신민들의 생명, 재산 등에 관한 권리주장에 대해 배우지 않았다고 지적하면서, 이런 것들은 오랜 학습과 경험을 통해서만 습득할 수 있는 법에 따라 판단할 사항이라고 반박했다. 그러자 왕은 "경의 말은 내가 법 아래에 있다는 말인가?"라고 되물었다. 이에 대해 코크는 "폐하는 어떤 사람 아래에도 있지 않지만, 신과 법 아래에 계십니다."라는 유명한 말을 남겼다(김진욱, 『공수처, 아무도 가지 않은 길』).

우리 헌법재판소도 2004년 노무현 대통령 탄핵 사건에서, 대통령 탄핵이 법의 지배 원리를 구현하는 수단임을 밝힌 바 있다. 헌법재판소는, 우리 헌법 제65조가 대통령도 탄핵 대상에 포함시킴으로써 국민에 의해 선출되어 국민에게서 직접적으로 민주적 정당성을 부여받은 대통령이라 하더라도 헌법질서의 수호를 위해서 파면될 수 있으며, 파면 결정으로 인해 발생하는 상당한 정치적 혼란조차도 국가 공동체가 자유민주적 기본 질서를 수호하기 위해 불가피하게 치러야 하는 민주주의의 비용이라고 했다. 그리고 대통령 탄핵제도는, 누구든지 법 아래에 있고, 아무리 강한 국가권력의 소유자라도 법 위에 있지 않다는 법의 지배 원리를 구현하고자 하는 것이라고 했다.

헌법재판소가 대통령 탄핵제도에 대해, 법의 지배 원리를 구현하는 수단임을 명시하고 대통령도 헌법질서의 수호를 위해 임기 중에 파면될 수 있다는 점, 즉 탄핵의 본질(목적)이 헌정질서의 수호에 있음을 분명히 한 것이다.

미국 의회는 1974년 닉슨 대통령에 대한 탄핵 이래로, 대통령을 탄핵소추하기 전에 탄핵의 근거에 대해 그동안의 선례와 학자들의 견해들을 조사한 〈의회 사무국 보고서 staff report〉를 발간해 오고 있다. 탄핵의 근거에 대한 이런 의회 보고서들에 따르면, 대통령 탄핵의 목적은 대통령의 비행 misconduct으로부터 미국의 민주주의와 법의 지배를 지키는 것이라고 하면서 대통령을 대통령직에 그대로 두는 것이 미국 헌정에 위험이 되는지가 대통령 탄핵 사건에서 궁극적으로 물어야 할 질문이라고 했다. 탄핵은 권력이 헌정질서라는 선을 넘는 것을 방지하는 제도이자 선을 넘은 경우 교정하는 수단이 된다.

탄핵제도와 권력분립

탄핵소추는 언제나 의회(국회)가 국민의 뜻을 받들어서 대통령 권력 등 다른 권력을 견제한다는 점에서 탄핵은 민주적 제도라고 했고, 누구도 법 위에 있지 않다는 법의 지배 원리를 구현하는 제도라고 했다. 또 한 가지 탄핵제도와 권력분립 원리 간의 관계가 중요하다.

우리 제헌헌법이 모델로 한 미국의 대통령제도는 미국 연방헌법을 초안한 사람들이 몽테스키외의 3권분립 이론을 기초로 고안해 낸 제도이다. 권력분립의 원리는, 국가의 기능을 법을 제정하는 입법, 법을 집행하는 행정, 법에 따라 재판하는 사법으로 나누고 각기 다른 부(입법부, 행정부, 사법부)에 귀속시키고 상호 간의 견제와 균형을 통해 국가권력을 제한하고 통제하고자 한 원리이다. 이렇게 헌법을 통해 국가권력을 제한하는 이유는 국민의 자유와 권리를 잘 보장하기 위해서이고 권력의 남용을 방지하기 위함이다. 권력을 제한하는 제한 헌법limited constitution의 정신이다.

몽테스키외는 유명한 『법의 정신』에서 각 나라에는 입법권, 집행권, 재판권의 세 종류의 권력이 있는데, 시민이 자유를 누리기 위해서는 각 권력이 서로 분리되어 있어야 한다고 했다. 몽테스키외는 『법의 정신』에서 '영국의 국가 구조'에 대해 논하면서 한 사람, 또는 한 집단에 입법권과 집행권(행정권)이 결합하여 있을 때는 개인의 자유란 존재하지 않는다고 했다. 입법권, 집행권, 재판권의 세 종류의 권력이 한군데에 집중된다면 모든 자유와 권리가 상실될 수 있다고 결론지었다.

미국은 1787년 연방헌법을 제정할 때 입법부, 행정부, 사법부가 서로 분리되고 독립되어야 한다는 권력분립의 원리를 미국 헌정의 근본 원칙으로 채택했다. 몽테스키외 이론을 현실에 적용한 것이다. 헌법제정회의에서 대통령에 대한 탄핵을 허용할지를 논의할 때, 만일 의회가 대통령을 탄핵하도록 허용한다면 대통령의 재임 여부가 의회에 의존하게 되어서 대통령의 독립성을 파괴할 수 있고 권력분립 원리에 맞지 않는다는 주장도 제기됐다. 그러나 행정부의 수반으로 군 통수권자이자 국가 원수의 지위도 겸하는 대통령은 권력 남용 우려가 크기 때문에 이에 대한 대책으로 대통령 탄핵제도를 채택하는 것이므로, 권력 간의 상호 견제를 통해 균형을 이루고자 하는 권력분립 원리에 배치되지 않는다는 것이 대체적인 의견이었다.

우리나라의 탄핵제도는, 국회의 탄핵소추에 대해 국회 스스로가 탄핵재판하고 결정하는 구조가 아니라 헌법재판소라는 독립적 사법기관이 재판하고 결정하는 구조이다. 국회는 탄핵을 소추(즉 기소)할 뿐이지 대통령의 파면 여부가 국회 결정에 의존하는 구조가 아니다. 따라서 국회의 탄핵소추를 허용하는 것이 권력분립 원리에 저촉된다고 보기 어렵다. 오히려 권력 간의 견제와 균형이라는 권력분립의 핵심 원리를 잘 구현하는 제도라고 할 수 있다.

공직에 대한 신뢰의 보호와 유지

지금까지 대통령 탄핵제도가 의회(국회)의 대통령 권력에 대한 견제와 통제, 헌정질서의 수호와 유지가 그 목적임을 살펴보았다. 둘 사이의 관계는 권력에 대한 견제와 통제를 통해 헌정질서를 수호하고 유지한다는, 수단과 목적의 관계로 볼 수 있다. 여기에 한 가지 더 추가한다면 공직에 대한 신뢰의 보호와 유지를 들 수 있다.

앞에서 미국이 18세기 말 건국한 이래 대통령에 대한 탄핵소추가 5건, 연방 법관에 대한 탄핵소추가 15건 정도라고 했다. 미국에서 연방 법관은 부적절하게 처신하지 않는 한, 평생 법관직을 유지하는 명예로운 공직이다. 이런 법관직과 4년 임기에 재선이 가능한 대통령이라는 최고의 공직에 대한 국민의 기대와 신뢰를 계속 유지하기 위해서라도 중대한 비행을 저지른 대통령이나 법관을 탄핵제도를 통해 파면하는 것이 필요하다.

특히 대통령 같은 경우 1974년 닉슨 대통령 탄핵소추에서 부터 대통령이 대통령직에 대한 국민의 신뢰를 저버리고 배반했다는 점이 탄핵소추에서 중요한 사유가 됐다. 이런 점을 보더라도 탄핵제도가 공직에 대한 신뢰를 보호하고 유지하는 데에 있어서 중요한 일익을 담당하는 제도임은 틀림없다.

우리나라에서 그동안의 탄핵 사례를 보면, 2004년 노무현, 2017년 박근혜 대통령에 대한 헌법재판소의 탄핵재판이 있은 외에 1994년 12월 김도언 검찰총장, 1999년 4월과 6월 김태정 검찰총장, 2000년 5월과 11월 박순용 검찰총장, 2001년 12월 신승남 검찰총장에 대한 탄핵소추안이 국회에서 부결 또는 폐기된 사례가 있다. 그리고 2022년 10월 이태원 참사후 최근 이상민 행안부장관을 상대로 한 국회의 탄핵소추에 대해 헌법재판소가 탄핵재판하고 기각한 사례, 임성근 판사와 안동완 검사에 대해 역시 탄핵소추와 헌법재판소의 탄핵재판이 있었던 사례 등이 있다. 비록 국회에서 탄핵소추 의결이 부결되거나 헌법재판소에 의해 탄핵심판이 기각된 경우에도 위에서 본 검찰총장이나 장관, 판·검사 등 고위공직자가 권력을 행사함에 있어서 상당한 견제가 될 것임은 틀림없다. 동시에 이들 고위공직자의 정치적 중립성이나 직무의 공정성이라는 공직에 대한 신뢰의 보호와 유지라는 측면에서도 상당한 의미가 있을 것이다.

탄핵이냐 사임이냐, 2선 후퇴냐

탄핵은 우리 헌법에 명시적 규정이 있는 헌법상 제도이다. 반면 대통령의 사임(하야)이나 2선 후퇴에 대한 헌법 규정은 없다. 대통령이 궐위된 때에는 60일 이내에 후임자를 선거한다는 조항(헌법 제68조 제2항)이나 대통령이 궐위되거나 사고로 직무를 수행할 수 없을 때는 국무총리, 법률이 정하는 국무위원의 순서로 그 권한을 대행한다는 조항(제71조)이 있을 뿐이다. 여기서 '궐위'란 어떤 자리가 비어 있다는 말로 대통령의 궐위는 대통령 자리가 비어서 공석이라는 뜻이다. 그 원인은 다양하다. 먼저 대통령이 사임하여 그 자리가 빈 경우가 이에 해당하고, 대통령 자리의 공석은 대통령이 사망하거나 실종된 경우에도 생긴다. 대통령 당선이 무효가 되거나 임기 도중 탄핵 결정으로 파면되는 경우도 이에 해당한다. 헌법 제71조의 '사고로 직무를 수행할 수 없을 때'는 대통령 자리가 이렇게 공석이 된 것은 아니지만 대통령이 일시적으로 병이 나서 직무수행을 할 수 없거나 국회의 탄핵소추로 대통령의 권한 행사가 정지된 경우 등을 말한다.

사임은 대통령이 자리에서 물러나는 간단한 방법이기는 하지만 대통령이 스스로 물러나지 않는 한 이것을 강제할 방법이 없다는 것이 문제이다. 반면 대통령에 대한 탄핵소추는 그 절차나 국회의 의결 정족수 요건 등이 상당히 엄격하고 소추 후에 헌법재판소의 결정까지 시간이 오래 걸릴 수도 있지만 대통령의 의사와 상관없이 강제적으로 대통령직에서 물러나게 하는 확실한 방법이다. 우리 헌법에 따라 대통령에 대한 탄핵이 결정되면 대통령은 그 자리에서 파면되므로(헌법 제65조 제4항) 헌법재판소가 대통령 파면을 결정하면 대통령 자리는 공석이 된다.

대통령 탄핵제도가 대통령을 그 의사와 상관없이 강제로 물러나게 하는 방법이라는 점 외에 한 가지 더 주목해야 할 점이 있다. 우리나라에서는 국회가 대통령에 대한 탄핵소추를 의결하면 헌법재판소의 파면 여부에 관한 결정이 있을 때까지 대통령의 권한 행사가 바로 정지된다는 점이다(헌법 제65조 제3항). 이 점은 우리나라 대통령 탄핵제도가 다른 나라 제도와 구별되는 가장 큰 특징 중 하나이다. 미국이나 독일, 프랑스에는 우리 헌법 제65조 제3항 같은 직무 정지 제도가 없다. 우리 헌법은 국회의 탄핵소추 의결의 요건을 재적의원 300명 중 200명 이상의 엄격한 정족수를 요구하는 대신, 소추 의결이 되면 마치 대통령이 일시적으로 파면된 것과 비슷한 강력한 효과를 부여하는 것으로 볼 수 있다. 다만, 의회가 이런 직무 정지 효과를 기대하고 대통령을 탄핵할 권한을 남용할 수도 있으므로 직무 정지 제도를 계속 유지할 것인지는 검토가 필요하다. 물론 헌법 개정 사항이다.

이처럼 대통령의 사임과 탄핵은 대통령 자리를 공석으로 만드는 확실한 방법이다. 반면 대통령의 2선 후퇴는 대통령이 대통령직은 계속 유지하면서 국정 현안에서 2선으로 물러나서 국무총리 등으로 하여금 정부를 이끌도록 하겠다는 사실상의 조치에 불과하다. 법적으로는 대통령 자리가 공석이 되지는 않기 때문이다. 그러다 보니 대통령이 2선 후퇴를 선언한 경우에도 대통령이 대통령 권한을 다시 행사하겠다고 나올 수 있고, 대통령과 국무총리 사이에 갈등이라도 생긴다면 나라가 불안정해질 우려가 있다. 2선 후퇴가 약속과 달리 실제로 잘 안 지켜질 가능성이 있음도 물론이다.

대통령의 사임과 궐위의 사례

최근에 대통령의 사임이나 2선 후퇴에 대한 논의도 있었다. 그런데 우리나라 현대사를 보면 대통령이 사임하

여 궐위가 발생한 경우가 꽤 있다. 대한민국 초대 대통령 이
승만이 1960년 4·19 혁명 후 사임을 선언하고 미국으로 망명
한 것이 그 예이다. 이승만은 1948년 대한민국 정부 수립 때
부터 헌법을 두 차례 바꾸면서 집권을 연장하여 1960년까지
대통령직을 연임했다. 그러다가 1960년 3·15 부정선거 후에
많은 국민이 선거무효와 자유당 정권의 퇴진을 외치며 전국
에서 항의 시위를 벌이자 4월 26일 국민이 원한다면 대통령
직에서 물러나겠다고 발표하고 하와이로 망명했다. 국민 다
수가 사임을 요구한다고 순순히 사임한 것만 보더라도 이승
만 대통령은 훌륭한 대통령이란 평가도 있다. 그런데 이승만
정권이 붕괴한 후 선거를 통해 4대 대통령에 선출된 윤보선
역시 1961년 박정희 장군이 5·16 군사 쿠데타를 일으킨 뒤
1962년 3월 대통령 자리에서 사임했다.

　그 뒤 1963년 5대 대통령에 취임한 박정희가 1979년 10월
26일 당시 중앙정보부장에 의해 피살되어 대통령 자리가 다
시 공석이 됐다. 이때 국무총리였던 최규하가 헌법에 따라
대통령의 권한을 대행했다. 최규하는 그 뒤 12월 6일 장충체
육관에서 실시된 대통령 선거에서 당선되어 10대 대통령이
됐다. 그런데 최규하 역시 12월 12일 전두환 장군 등이 일으
킨 12·12 군사 쿠데타, 그리고 1980년 5월 일어난 광주사태
의 무력 진압 후 1980년 8월 16일 재임 8개월 만에 사임했다.

대통령직이 몇 달 만에 또 공석이 된 것이다.

대통령이 사임하여 궐위가 된 예는 우리나라에만 있는 것은 아니다. 제37대 미국 대통령 닉슨이 1974년 사임한 예가 있다. 닉슨 대통령은 1972년 6월 자신의 재선을 위해 워싱턴 워터게이트빌딩 민주당 선거본부에 도청 목적으로 비밀공작요원들을 침투시켜 감시하려 하다가 문제가 됐다(워터게이트 스캔들). 닉슨은 비록 몇 달 뒤 대통령 선거에서 압도적인 표 차이로 재선되었지만, 워터게이트 스캔들과 그 은폐 문제로 하원에서 대통령에 대한 탄핵소추가 발의되는 과정에서 1974년 8월 초 스스로 사임했다. 이때 부통령이었던 제럴드 포드가 대통령직을 승계했는데 취임 한 달 뒤 닉슨을 바로 사면했다.

2장
민주공화국과 탄핵

공화국과 군주국의 탄핵제도

앞서 근대적 탄핵이 시작된 영국의 탄핵제도와 대통령 탄핵이 시작된 미국의 탄핵제도를 비교해서 살펴보았다. 영국의 탄핵제도가 군주제 아래서의 탄핵이라면 미국의 탄핵제도는 민주공화국 체제의 탄핵이다.

군주제 체제의 탄핵과 민주공화국의 탄핵은 그 목적이나 본질에 있어 큰 차이가 있다. 군주제 국가의 탄핵은 영국의 탄핵제도에서 보는 것처럼, 의회가 왕권을 견제하는 핵심 수단일 수밖에 없다. 왕권 견제를 위해 탄핵제도를 이용하는 것이다. 그러나 군주제라는 헌정질서의 수호와 유지를 목적으로 의회가 왕의 측근이나 대신들을 탄핵하지는 않을 것이다.

영국사를 보면, 영국의 왕들은 중앙집권제나 관료제의 강화, 상비군의 유지 등을 통해 자신의 권한을 끊임없이 강화하고자 했다. 다른 나라와의 전쟁도 불사하면서 영토 확장을 꾀한 경우도 많았다. 반면 의회는 의회대로 의회의 동의 없는 국왕의 과세에 항의하고 체포나 구금 등 인신 구속 문제를 둘러싸고 왕과 빈번하게 충돌했다. 1628년 있었던 '권리청원'이나 1689년 있었던 '권리장전' 같은 영국 헌정사의 이정표적인 사건들은 모두 이런 배경에서 생겼다. 의회의 동의 없이 왕이 마음대로 세금을 징수하지 못하도록 하고 개인이 구금되면 법원에 출석하여 자신이 구금된 사유를 확인받을 수 있도록 하는 등 인신의 자유 보장을 확실히 하고자 했던 것이다(김진욱,『공수처, 아무도 가지 않은 길』). 이렇게 의회를 통해 왕의 전횡과 억압에 대항하고 왕권을 견제하면서 개인의 자유와 권리를 확대해 온 것이 영국의 근대사이다. 탄핵은 이렇게 왕의 권력과 의회의 권력이 서로 충돌하고 대립하는 중에 의회가 왕권을 견제하는 가장 강력한 무기 중 하나였다.

반면 세계 최초의 민주공화정 체제로 출범한 미국은, 기존의 13개 식민지 주들이 주권을 포기하고 단일한 연방을 결성

해 그 구성원이 되는 연방헌법을 제정할 때, 이런 연방주의에 찬성하는 의견도 있었지만 반대하는 의견도 강했다. 그래서 알렉산더 해밀턴을 비롯한 연방주의 찬성자들은 『연방주의자 논설(페더럴리스트 페이퍼)』 등을 통해 새로 제정한 연방헌법의 정당성을 설득할 필요가 있었다. 새롭게 만든 헌정질서가 흔들림 없이 잘 정착하도록 이를 수호하고 유지할 필요도 있었다. 즉, 새로 만든 미국 연방주의, 권력분립 원리를 토대로 입법부, 행정부, 사법부를 헌법에 대등하게 배치한 체계, 그리고 대의민주주의representative democracy에 입각한 미국식 헌정질서를 지키고 유지하는 것이 신생 국가 미국에게는 매우 중요한 문제였다. 당시 영국이나 프랑스같이 강력한 군주가 통치하는 열강들은 신생 국가 미국의 안보를 위협하며 언제든 흔들 수 있었고, 뇌물을 제공하면서 미국에 불리하고 자국에 유리한 조약을 체결할 수도 있는 상황이었다. 따라서 이렇게 군주제가 대세인 상황에서 연방헌법을 통해 새로 만든 민주공화국의 헌정질서를 수호하고 유지하는 것은 미국의 생존이 걸린 문제였다. 이 때문에 대통령이 미국의 국익이 아니라 본인의 사적인 이익을 추구하면서 힘 있는 외국이나 외국의 군주에게서 뇌물을 받거나 그들과 결탁하여 헌정질서를 해치지 않을까 하는 염려 때문에 대통령 탄핵의 사유로, 특히 반역과 뇌물을 명시해 넣었다고 보는 견해가 많다.

막강한 권한을 부여받은 대통령이 부패한 동기로 뇌물을 받거나 권한을 남용하는 것을, 탄핵제도를 통해 방지하고자 했던 것이다. 이런 차원에서 미국의 탄핵제도는 대통령 권력에 대한 견제의 의미도 물론 있지만 미국 헌정질서의 수호와 유지에 더 중점을 두었다고 볼 수 있다.

군주제 영국의 탄핵제도

영국은 우리나라처럼 따로 만들어진 헌법이 없고 탄핵에 관한 별도의 법률도 없는 불문법 국가이다. 탄핵에 관하여 오랜 기간에 걸쳐서 의회 안에서 정립된 헌법적 관행이 있을 뿐이다. 하원에서 소추하고 상원에서 결정하는 관행으로 정립됐는데 하원이 기소하면 상원이 재판하는 구조였다.

최초의 탄핵 사건은 1376년 에드워드 3세 치하의 '좋은 의회Good Parliament' 때였다. 당시 하원이 귀족 라티머, 네빌 등을 탄핵소추하고 상원(귀족원)이 결정했다. 탄핵의 대상 역시 판례에 의해 범위가 정해졌는데, 처음에는 국왕의 대신들이나 고관(고위 관리)들이 탄핵 대상이었다가 점차 확대됐다. 탄핵의 사유 역시 판례에 의해 정립됐다. 국가에 대한 반역treason

이나 직권남용, 뇌물수수bribery, 사기, 폭력, 살인 등과 같은 형사범죄뿐만 아니라 '중대한 범죄와 비행high crimes and misdemeanors'이라는 포괄적인 탄핵의 사유가 있었다.

1386년 이후 탄핵이 이루어진 실제 사례들은 대부분 '중대한 범죄와 비행'이란 포괄적 사유로 탄핵됐다. 이 포괄적 사유는 형사범죄가 아니라 고관high office들이 범한 정치적 범죄political crimes를 의미했다. 영국법에서 이 포괄적 사유는 형사법에서 쓰인 일은 없고 탄핵 절차에서만 쓰였다. 이런 포괄적인 탄핵의 사유 덕택에 형사범죄로 기소할 수 있는 사건뿐만 아니라 기소할 수 없는 사건도 여기에 해당되어 탄핵의 적용 범위가 상당히 넓어졌다. 여기서 '중대한high'이란 수식어는 '범죄crimes'뿐만 아니라 '비행misdemeanors'도 수식하는 말이다. 즉 '중대한 범죄'와 '중대한 비행'으로 둘 사이에 큰 차이도 없어서 18세기 말 헤이스팅스 탄핵 사건에서는 두 용어가 번갈아가며 쓰였다고 한다.

탄핵 사건의 심리는, 보통의 형사재판처럼 변론과 증거를 조사하는 절차를 마치면 상원은 하원에서 보낸 탄핵소추장의 항목별로 상원의원들이 다수결로 유·무죄를 결정했다. 탄핵재판을 마친 상원은 의결을 통해 사형이나 징역형, 벌금형과 같은 형벌을 부과할 수 있었다. 탄핵재판이 기본적으로 형사재판 성격의 절차였음을 알 수 있다. 형벌의 부과 외에 파면 결정도 할 수 있었다.

영국에서 1695년까지 탄핵이 이루어진 실제 사례들을 보면, 부적합한 인물을 공직에 임명한 경우, 해군 제독으로서 바다 방어를 소홀히 한 경우, 무기와 탄약을 창고에 보관하라는 의회의 명령을 방해한 경우, 외국의 침범에 대한 준비를 소홀히 한 경우, 기소하기도 전에 배심원을 해임한 경우, 기금을 다른 용도에 쓴 경우 등 탄핵의 사유가 다양했다. 이런 탄핵 사례들을 보면, 영국에서의 탄핵은 형사범죄뿐만 아니라 권한 남용이나 단순한 업무 처리상의 잘못까지 광범위한 사유로 탄핵이 이루어졌음을 알 수 있다.

이렇게 한때 영국에서 활발하게 쓰이던 탄핵제도는 1805년경 이후에는 사실상 사문화됐다. 의원내각제가 영국에서 확립됨에 따라서 종전에 탄핵 대상이 되었던 왕의 대신들이나 고관들이 저지른 비행에 대해 의회에서 얼마든지 책임추궁을 할 수 있는 등으로 의회의 통제 아래 놓이게 됐다. 이에 따라 이들이 탄핵사유에 해당하는 비행을 저지를 가능성도 줄어들었다. 그리고 탄핵의 사유에 해당하는 범죄나 비행을 저지른 경우에도 이제는 법원의 재판절차에 의한 처벌이 충분히 가능해져서 의회가 탄핵을 소추할 이유도 없어졌다. 헌법재판소가 2001년 발간한『탄핵심판제도에 관한 연구』에 정리된 내용이다.

민주공화국 미국과 대통령제

17세기 초 무렵 영국의 13개 식민지로 출발한 미국은 영국 국왕과 총독의 지배를 받았다. 그러다가 영국의 조지 3세가 식민지에 대한 과세를 강화하자 본국인 영국과 분쟁이 생겼고, 결국 1776년 7월 4일 영국으로부터 독립을 선언했다. "대표 없이 과세 없다."라는 유명한 말도 이때 나온 말이다. 토머스 제퍼슨이 초안하고 필라델피아에 모인 식민지 대표들의 제2차 대륙회의에서 채택된 독립선언서는, "우리는 이러한 진리들이 자명하다고 믿는다. 즉 모든 사람이 평등하게 창조되었고 창조주로부터 양도 불가능한 일정한 권리를 부여받았는데 그중에는 생명, 자유, 행복을 추구할 권리가 있다."라는 유명한 선언으로 시작한다. 독립선언서는 이어서 현재 영국 왕의 역사는 악행과 착취를 되풀이한 역사이고 미국 식민지에 완전한 독재 정부를 세우려는 것이라면서 영국 왕이 "우리의 바다에서 약탈을 자행하고, 우리의 해안을 습격하고, 우리의 도시를 불사르고, 우리 주민의 생명을 빼앗았다."라는 식으로 영국 왕의 만행을 하나씩 열거했다. 당시 영국 왕이었던 조지 3세를 폭군으로, 그 통치를 폭정으로 규정한 것이다. 1776년 미국 독립선언에 열거된 내용을 보면 하나하나가 영국 왕에 대한 탄핵 선언이었던 셈이다.

이 독립선언문은 선언이 있기 바로 몇 달 전 1776년 1월 발간된 토머스 페인의 『상식common sense』에서 큰 영향을 받았다. 토머스 제퍼슨이 초안한 독립선언문과 토머스 페인이 쓴 『상식』의 내용을 서로 비교해 보면 이런 사실을 대번에 알수 있다. 토머스 페인은 군주제에 대해, 모든 사람은 평등하게 태어나는 법인데 어떤 사람은 날 때부터 남을 지배할 권리를 갖고 태어나고, 다른 사람들은 그 지배를 받아야 한다는 것은 상식에 맞냐고 주장했다. 게다가 제비뽑기나 선출, 왕위 찬탈의 방법으로 왕이 된 사람이 자기 당대에 지배하고 후임자에게 넘겨주는 정도가 아니라 왕위를 자기 후손에게 대대손손 물려준다는 것은 더욱 상식에 맞지 않는다고 강조했다. 세습되는 군주제를 거부하면서 군주제와 결별해야 할이유를 분명히 한 것이다. 페인은, 그 대안으로 절대 왕정에서는 왕이 곧 법이듯이 미국처럼 자유 국가에서는 법이 왕이됨이 마땅하고 다른 왕은 없어야 한다고 했다. 아울러 13개식민지 주에서 대표를 뽑아 제헌의회를 구성하고 공화제를채택할 것을 강력하게 주장했다.

당시 13개의 식민지 주들이 영국과 결별하고 독립하여 새로 나라를 만든다고 할 때 어떤 나라, 어떤 정부를 만들지는매우 중요한 문제였다. 영국처럼 왕이 있는 군주제에 대한혐오 정서가 워낙 커서 공화국을 수립하겠다는 것은 식민지인들이 공통적으로 느끼는 상식common sense, 또는 공감대였다. 영국 왕의 자의적인 통치와 학정에서 독립하여 새로운 나라를 만들기로 한 미국인들의 입장에서는 국민주권에 입각한 공화국을 만드는 것이 너무나 당연하고 자연스러운 선택이었다.

대통령제 정부형태

　　　　대통령제 또는 대통령 중심제는 미국이 1787년 연방헌법 제정을 통해 지구상에서 처음으로 만들어낸 정부형태이다. 순수한 대통령 중심제 정부형태가 어떤 모습인지 살펴보면 다음과 같다.

　미국의 대통령제는 몽테스키외의 엄격한 3권분립의 이론 위에 설계됐다. 의회로부터 독립하고 의회에 정치적으로 의존하지 않는 대통령을 중심으로 국정이 운영되고, 대통령이 임명하고 대통령에 대해 정치적 책임을 지는 장관들에 의해 행정부가 운영되는 정부형태이다. 의원들과 마찬가지로 대통령도 국민에 의해 선출되는 대의민주주의 체제이다. 대통령이나 의회 모두 통치권 행사의 정당성을 주권자인 국민에게서 부여받았다는 점에서 대통령이나 의회(국회) 의원들 모두 민주적 정당성democratic legitimacy을 갖는 것이다. 이렇게 민주적 정당성을 갖는 대통령은 기본적으로는 행정부 수반(우두머리)으로서 행정부를 책임지고 이끄는 존재이다. 다만 왕이 없는 공화국 체제이기 때문에 국가를 대표할 사람이 필요하므로 대통령은 국가 원수로서의 지위도 겸한다.

국가의 모든 정책은 임기가 보장되고 국민에 의해 선출되는 대통령의 책임 아래 집행되고, 장관들은 대통령을 보좌하는 역할을 한다. 미국의 장관 명칭을 살펴보면, 예컨대 국방부 장관의 경우 'Secretary of defense'이다. 기본적으로 대통령을 보좌하는 비서라는 것인데 비서 중 가장 높은 사람이 장관이다. 권력분립의 원리에 따라 입법부 의회와 국가 정책을 집행하는 행정부 간에 서로 독립성을 인정하고, 대통령은 의회의 입법권 행사에 간섭하지 않고 의회 역시 행정부의 집행권 행사에 간섭하지 않는 것이 원칙이다. 이에 따라 대통령은 입법이나 사법 같은 다른 부branch의 영역에 간섭하지 않는 것이고 해서도 안 되는 것이다.

연방헌법 제2조에 따라 행정권(집행권)은 대통령에게 속하는데 대통령은 대통령 선거인단에 의해 선출된다. 대통령과 임기가 같은 부통령도 대통령 선거를 할 때 함께 뽑는다. 대통령이 궐위되면 부통령이 대통령직을 승계하므로 우리 헌법처럼 국무총리가 대통령의 권한을 대행할 필요가 없다.

행정부에는 법률안 제출권이 없고 의회의 요청이 없는 한 행정부 구성원이 의회에 출석하여 발언할 수 없다. 대통령에게 의회 해산권이 없는 것처럼 의회도 대통령을 불신임할 권한이 없다. 권력분립의 원리에 충실하게 대통령과 의회가 상호 독립되고 서로에 대해 책임을 지거나 의존하지 않는 관계이다.

대통령제는 대통령이 임기 중에 의회의 신임과 상관없이 국정을 안정적으로 이끌 수 있다는 장점이 있다. 대통령 자신이 국민에 의해 직접 선출되어 통치에 충분한 정당성도 확보하고 있어서 강력한 리더십 발휘도 가능하다. 그러나 대통령이 국가의 원수이자 행정부의 수반으로서 강력한 권한을 행사하면서도 의회에 대해 책임을 지지 않기 때문에 독재화할 위험이 있다. 특히 미국처럼 나라가 크고 연방제 국가로 권력이 분산되는 경우라면 몰라도 우리나라 같은 중·소규모의 국가에다가 연방제도 아닌 단일국가 체제의 경우에는 독재화의 위험이 더욱 크다는 것이 문제이다.

대통령제와 의원내각제

대통령제 정부형태는 의원내각제 정부형태와 비교

해 보면 더 잘 이해할 수 있다. 먼저 의원내각제를 개관해 본다. 의원내각제는 의회에서 선출되고 의회에 대해 책임을 지는 내각cabinet을 중심으로 국정이 운영되는 정부형태이다. 의원이 내각의 구성원이 되면서 장관을 겸직하는 체제이다. 의회 다수당의 대표가 총리가 되고 내각을 구성하므로 의회와 행정부 간의 협력이 자연스럽게 이루어진다. 내각은 의회의 신임에 의존하는 구조여서 의회는 내각에 대해 불신임권을 가지는 반면, 내각은 의회 해산권이 있어서 의회가 해산되면 다시 총선거가 이루어진다. 의회와 내각이 이렇게 서로 균형을 이루는 정부형태이다. 의원내각제는 의회와 내각이 상호 의존하고 협동하므로 의원과 정부 각료(장관)의 겸직도 가능하며, 내각에는 법률안 제출권이 있고 장관들은 자유롭게 의회에 출석해 발언할 수 있다.

의원내각제는 내각이 의회에 대해 연대하여 정치적인 책임을 지므로 책임정치가 가능하고, 내각이 의회의 신임을 얻고 있는 한 협조가 원활히 이루어져 국정운영이 효율적으로 이루어질 수 있다는 장점이 있다. 또한 의회와 내각이 대립하는 경우 의회가 내각 불신임권을 행사하거나 내각이 의회 해산권을 행사하여 대립 관계를 신속하게 해소할 수 있다는 장점도 있다. 반면 대통령제의 경우에는 의회와 대통령이 대립할 때 이를 해소할 만한 마땅한 방법이 없다는 것이 큰 문제이다.

　의원내각제의 단점으로는, 군소정당이 난립하는 경우 내각의 구성이 곤란할 수 있고 연립정부가 이루어지더라도 쉽게 깨질 수 있어서 정국이 늘 불안할 수 있다. 내각은 의회의 신임이 있어야 존속하는 것이므로 정책이 일관성을 가지고 힘 있게 추진되기 어려울 수 있다. 요컨대 의원내각제는 의회와 내각이 협치하는 체제로 의회와 내각 간에 권력의 분립보다는 내각이 의회에서 선출되고 의회에 대해 책임을 지는 권력 간의 융합을 전제로 한 체제라 할 수 있다.

대통령제에 대한 논의

　　　대통령은 영어로 president로, 영국의 13개 식민지 주에도 프레지던트president 또는 거버너governor로 불린 최고 행정관이 있기는 했다. 일반적으로 임기는 1년이었고 대부분 입법부에서 선출되는 구조여서 자신이 국정의 비전을 제시하고 정책을 추진하는 주체라기보다는 입법부의 결정 사항을 그대로 집행하는 '입법부의 피조물'이었다. 가장 중요한 역할은 입법부가 통과시킨 법률을 집행하는 것이었다. 이런 점에서 최고 행정관이 법률안에 대해 거부권을 행사한다는 것은 생각하기 어려웠다. 물론 뉴욕주의 최고 행정관처럼 국민에 의해 직접 선출되어 3년 임기를 가지고 제한적으로 법률안 거부권을 행사한 경우도 있기는 했다(조지형,『대통령의 탄생』).

그러나 1787년 필라델피아에서 열린 헌법제정회의에서 13개의 식민지 주가 하나의 연방으로 통합되고 각 식민지가 연방의 하나의 주가 되는 연방제 국가형태에 합의할 때, 이런 연방의 집행부(행정부)를 이끌면서 국군을 통수하고 국가 원수도 되는 강력한 최고 행정관chief magistrate에 대해서도 합의가 이루어졌다. 미국 연방을 이끄는 대통령 중심제 정부형태 말이다. 용어도 헌법제정회의 중반부터는 최고 행정관을 '대통령president'으로 부르기로 통일했다. 연방의 대통령은 과거 식민지 주들의 '프레지던트'와는 다른 강력한 지위와 권한을 헌법에서 직접 부여받았다. 다만 대통령이 가지는 법률안 거부권은 의회가 절대 다수로 재의결하면 무력화시킬 수 있는 것으로 제한했다. 군주제 국가에서 왕이 가지는 절대적 거부권과는 차이가 있는 것이다.

이렇게 미국 연방에 최고 행정관 대통령을 두기로 합의하기는 했지만 대통령을 몇 명으로 할지, 한 명으로 할지, 두 명으로 할지, 세 명으로 할지는 처음부터 논란거리가 됐다. 미국의 대통령은 사실 로마의 집정관consul을 모델로 한 것이다.

그런데 로마의 집정관은 임기 1년의 두 명이었다.

당시 버지니아 식민지의 최고 행정관이었던 에드먼드 랜돌프 같은 사람은 최고 행정관을 한 명으로 하면 영국의 군주 같은 존재가 될 수 있어서 위험하다고 주장했고, 미국 건국의 아버지로 불리는 벤저민 프랭클린(1706~1790) 역시 최고 행정관은 복수여야 한다고 주장했다. 이들은 모두 연방헌법에 의해 강력한 권한을 부여받은 대통령이 '선출된 군주elected monarch'와 같은 존재가 되어 영국의 왕처럼 군림하지 않을까 우려했다.

그러나 복수의 대통령을 두는 경우, 서로 간에 의견 차이가 생겨서 다투기라도 하면 이를 조정할 상급 기관도 없어 큰 문제이고 책임소재도 불분명하다는 강력한 반대 의견이 있었다. 즉, 대통령이 1인이면 한 사람에게 권한이 집중되어 권력화하는 문제점이 있기는 하지만 행정의 신속성, 추진력, 일관성을 확보할 수 있고, 무엇보다 1인의 행정수반이 국정에 관해 국민에게 책임을 진다는 책임성 차원을 고려해 연방헌법의 기초자들은 결국 대통령을 1인으로 하기로 합의했다. 대통령이 두 명 이상이면 책임을 묻기 곤란하다는 정치적 책임론이 한 명의 대통령 합의에 큰 기여를 했다(조지형, 『대통령의 탄생』). 1787년 7월 중순의 일이었다.

대통령의 임기는 4년으로 하고 재선될 수 있는 것으로 했다. 선출 방식은 각 주에서 유권자가 선거인단을 선출하는 투표를 하고(1차 선거), 이렇게 선출된 선거인단이 대통령을 선출하도록(2차 선거) 했다. 대통령 선거인단이 대통령을 선출하는 방식이다. 미국 저명한 정치학자 로버트 달Robert Alan Dahl에 따르면, 당초에 연방헌법 기초자들은 대통령을 의회에서 선출하는 방식을 선호했다. 그러다가 선거인단을 통해 대통령을 선출하는 방식으로 변경했다. 현재 미국의 대통령 선거인단 수는 총 538명이다. 선거인단 배분 방식은 주에서 결정하는데, 대부분 주에서 가장 많은 표를 얻은 대통령 후보에게 선거인단을 몰아주는 방식으로 운영된다. 승자독식제 Winner Takes All라 한다. 이 때문에 미국에서 전체 유권자 투표의 득표에서는 승리했지만, 선거인단 득표에서는 패배하여 대선에서 패배하는 경우가 생겼다. 2016년 대통령 선거에서 전국적 득표에서는 승리한 민주당 힐러리 클린턴 후보가 선거인단 득표에서 승리한 공화당 트럼프 후보에게 진 이유이다. 이 때문에 미국의 민주주의는 사실 별로 민주적이지 않아서 선거제도의 개선이 필요하다는 의견도 많다(로버트 달, 『미국 헌법과 민주주의』).

대통령 탄핵에 대한 논의

    미국 연방의 최고 행정관으로 대통령을 몇 명 둘지
가 헌법제정회의에서 논란이 될 무렵 대통령을 탄핵 대상으
로 할 것인지도 함께 논의됐다. 연방헌법의 기초자들로서는
연방정부를 이끌면서 선출된 군주 같은 존재가 될 수도 있는
대통령의 권력 남용을 우려했기 때문이다. 사실 탄핵제도는
연방헌법 제정 전 버지니아, 뉴저지, 델라웨어, 펜실베니아,
노스캐롤라이나, 뉴욕, 사우스캐롤라이나, 매사추세츠, 뉴햄
프셔 등 주州 헌법에 이미 도입된 제도였고, 주의 최고 행정
관도 탄핵 대상에 포함된 경우가 많았다. 그러나 대개 의회
에서 선출되고 의회의 결정 사항을 충실히 집행할 뿐인 최고
행정관의 탄핵과 연방헌법에 따라 강력한 권한을 부여받는
대통령의 탄핵은 전혀 차원이 다른 문제였다.
  이 때문에 의회가 대통령을 탄핵하는 것을 허용하면 대통
령이 의회의 신임에 의존하게 되어 엄격한 권력분립의 취지
에 반한다는, 탄핵 반대 의견도 물론 있었다. 그러나 강력한
권한을 갖는 대통령의 권력 남용 우려 때문에 대통령 탄핵제
도를 두어야 한다는 점에 대해서는 쉽게 합의가 이루어졌다.
당시 상황을 보면, 대통령을 탄핵하기 위해 탄핵제도를 설계
했다는 것이 오히려 더 정확한 표현이다. 탄핵에 있어서 가

장 중요한 쟁점이 되는 탄핵의 사유 역시 대통령을 겨냥해서 만든 것이었다. 미국 건국의 아버지 벤저민 프랭클린은, 만일 대통령이 비행을 저질러서 국민의 혐오 대상이 된 경우 탄핵을 허용하지 않는다면 암살이라는 불행한 결과가 일어날 수도 있고, 탄핵재판에서 자신을 방어하고 변호할 기회가 제공되는 좋은 점도 있다는 취지로 주장했다.

이렇게 제정된 미국 연방헌법의 탄핵 대상은 '대통령, 부통령, 미합중국의 민간인 공무원'으로, 이 중 부통령과 미국 연방의 민간인 공무원은 헌법제정회의 폐회 얼마 전에 추가됐다고 한다. 이런 점만 보더라도 미국의 탄핵제도는 대통령 탄핵을 위해 만들어진 제도이다(라울 버거, 『탄핵』).

하원의 탄핵소추에 대해 탄핵재판을 어디서 하는지도 논의 주제였다. 처음에는 대법원이 하는 방안이 유력했다. 연방헌법 제정에 크게 기여하고 당시 논의 과정을 메모로 남긴 제임스 매디슨 역시 연방대법원의 탄핵재판을 선호했다. 그러던 중 1787년 9월 몇몇 대표들은 상원에 탄핵재판권을 주는 것이 좋겠다고 제안했다. 그러자 1787년 9월 8일 회의에서 매디슨은 상원이 탄핵재판을 하게 되면 대통령이 단순한 비행으로도 파면될 수 있어 부당하게 의회에 종속될 염려가 있다면서 강하게 반대하며 원안대로 대법원이 재판할 것을 주장했다. 이에 대해 상원의원은 탄핵재판에 임할 때 불편부당하게 재판할 것을 선서하기 때문에 사실과 달리 대통령을 유죄라고 할 리가 없고, 더 중요한 이유로는 대법관들을 대통령이 임명하는데 그들이 대통령 탄핵재판을 하게 된다면 재판이 왜곡되거나 부패에 영향을 받을 수 있다는 반론이 제기됐다. 이런 의견이 연방헌법 기초자들 사이에서 설득력을 얻으면서 상원이 탄핵재판을 하는 안이 채택됐다(캐스 선스타인, 『탄핵』). 상원에서의 대통령 파면(면직) 가결 요건은 출석 상원의원의 3분의 2 이상으로 엄격하게 정했다.

미국 연방헌법 제정 후 식민지 주들의 비준을 받기 위해서 제임스 매디슨, 알렉산더 해밀턴, 존 제이는 연방헌법을 해설하고 옹호하는 취지로 『연방주의자 논설(페더럴리스트 페이퍼)』이란 일련의 논설을 발표했다. 여기서 해밀턴 역시 탄핵재판을 상원이 하게 된 경위와 이유에 대해, 탄핵을 재판하는 기관이 가지는 엄청난 재량권을 고려할 때 소수에게 그런 책무를 감당하는 것은 적절하지 않고 다수의 정치인들로 구성된 상원이야말로 이런 재판을 할 만한 최적의 기관이라고 했다.

알렉산더 해밀턴은 『연방주의자 논설』에서, 공인public men의 비행에서 연유하는 위반행위, 다른 말로 하면 공공의 신뢰를 남용abuse하거나 침해violation하는 경우에서 연유하는 위반행위에 대한 재판 관할권을 논했는데, 해밀턴은 이런 위반행위offenses는 그 본질에 있어서 '정치적political'으로 분류될 수 있다고 했다. 그 이유는 그런 위반행위들로 말미암아 사회에 즉 각적으로 초래될 해악에 주로 관련되기 때문이라는 것이다 (『연방주의자 논설』 65번). 이런 정치적 성질을 가지는 재판은 대 법관들이 아니라 정치를 하는 다수의 상원의원이 판단하게 하는 것이 적절하다는 것이다.

해밀턴이 1788년 3월 7일 언론에 기고한 이 논설은, 1787 년 9월 제정된 미국 연방헌법 제2조 제4항의 탄핵조항 중 '중대한 범죄와 비행'을 해설한 것으로도 의미가 깊다. 해밀 턴이 말한 비행misconduct은 탄핵조항의 비행misdemeanor과 같은 뜻이다. 탄핵의 사유 중 핵심인 '중대한 범죄와 비행'의 성격 은 사회에 즉각적으로 피해를 끼칠 수 있는 '정치적' 성질의 범죄와 비행이라는 것이 연방헌법 기초자들의 의도였음을 엿볼 수 있는 대목이다. 아울러 대통령은 공공의 신뢰를 바 탕으로 권력을 행사하는 존재이므로 공공의 신뢰 남용abuse of trust은 곧 권력 남용abuse of power이라 할 것이다.

연방헌법상 대통령 탄핵사유의 제정 경위

미국의 13개 식민지 주는 각자 헌법을 가지고 있 었는데 탄핵제도가 규정된 경우가 많았다. 1776년부터 1784

년 사이에 제정된 주 헌법에 반영된 탄핵제도를 보면, 탄핵 대상에도 차이가 좀 있었고 탄핵의 사유도 뇌물bribery, 실정 maladministration, 부패corruption, 비행misbehavior 등으로 다양했다. 대통령 탄핵사유에 대한 헌법제정회의의 논의를 아래와 같은 몇 단계로 나누어서 살펴본다. 제임스 매디슨이 당시 헌법제정회의 논의를 기록했던 내용이 지금까지 내려오고 있어 상당부분 참조했다.

첫 번째 단계에서는 대통령 탄핵의 사유로 직무상 과오malpractice와 직무 태만neglect of duty이 제안되었다. 전자가 일은 했는데 일을 잘못 처리한 경우라면, 후자는 해야 할 일을 안 한 경우이다. 1787년 6월 초 이런 제안이 있었는데 그 뒤 별 진전이 없었다. 그러다가 오히려 임기가 정해져 있고 선거로 선출한 대통령은 선거로 심판하면 되므로 탄핵제도에 반대한다는 의견들이 개진됐다. 그러자 누구도 정의 위에 있을 수 없다, 대통령과 집행부는 권력을 남용할 기회가 많고 특히 전시에는 더욱 그렇다는 반론들이 제기됐다. 제임스 매디슨 역시 최고 행정관의 임기에 제한(4년)을 둔다는 것만으로는 충분하지 않고 그 무능력이나 직무 태만, 배신행위로부터 공동체를 구해내기 위해서라도 책임을 물을 제도가 필요하다고 역설했다. 매디슨은 대통령이 취임 후 무능력자가 된 경우, 행정부를 부패나 압제의 수단으로 만드는 경우, 외세에 편승하여 국민의 신뢰를 배신하는 경우 탄핵하지 않는다면 공화국에 치명적이라고 주장했다. 다수로 구성된 의회와 달리 한 사람에 의해 지배되는 대통령의 경우 부정부패가 일어나기 쉽다는 취지였다.

두 번째 단계는 소위원회 단계이다. 헌법제정회의 전체 회의의 위임을 받은 소위원회는 1787년 8월 6일 총 23개 조항의 헌법 초안을 제안하면서 대통령 탄핵의 사유로 '반역죄, 수뢰죄 또는 부패corruption'를 제안했다. 한편 2주 뒤 8월 20일에는 '직무 태만, 독직, 또는 부패'를 탄핵의 사유로 제시한 다른 초안이 등장하기도 했다. 이런 이유로 미해결 쟁점의 해결을 위해 조직된 '11인 소위원회'가 같은 해 9월 4일 열렸다. 여기서는 탄핵의 사유로 부패를 탈락시키고 반역죄와 뇌물죄만 인정하는 수정안을 마련했다. 이때 탄핵재판을 대법원이 아니라 상원에서 하는 안도 제안됐다.

세 번째 단계는 1787년 9월 8일 헌법제정회의 전체회의에서 소위원회의 제안을 검토하는 단계이다. 이날 회의에서 조지 메이슨은 반역과 뇌물만으로 탄핵의 사유를 한정하면 다른 많은 '중대하고 위험한 위반행위great and dangerous offenses'는 탄핵하지 못한다는 결론이 되어 부당하다고 주장하면서 원래 있다가 탈락한 '부패' 대신 '실정maladministration'을 넣자고 제안했다. 조지 메이슨은 당시 영국에서 진행되던 인도 총독 헤이스팅스 탄핵 사건을 언급하면서 "미국 헌법을 전복하려고 시도해도 '반역죄'가 성립되지 않을 수 있다."고 주장했다.

그러나 탄핵의 사유로서 '부패'나 '실정失政'은 모두 논란이 됐다. 이런 애매한 사유로 탄핵을 허용하면 대통령이 끊임없이 의회의 압력을 받을 위험이 있고, 대통령의 임기를 상원이 원하는 동안만 보장하는 것이나 마찬가지라는 비판이 제기됐다. 제임스 매디슨의 비판이었다. 그러자 조지 메이슨은 그렇다면 '실정' 대신에 '국가에 대한 중대한 범죄와 비행high crimes and misdemeanors against the State'을 넣자는 수정안을 냈다. 이에 대해서는 별다른 반대가 없었고 바로 최종안이 됐다. 대통령 탄핵의 사유가 1787년 9월 8일 최종적으로 만들어지는 과정, 특히 '중대한 범죄와 비행'이 탄핵사유가 된 데에는 조지 메이슨이 주도적인 역할을 한 셈이다.

대통령 탄핵의 사유로 '반역죄, 뇌물죄, 그 밖의 중대한 범죄와 비행'으로 합의된 경위와 이유에 대해 미국 학자들이나 〈의회 사무국 보고서〉는 대략 위와 같은 순으로 설명하는데 당시 '중대한 범죄와 비행'에는 '국가에 대한against the State'이라는 수식어가 붙어 있었다는 점이 중요하다. 그 뒤 의미를 좀 더 명확히 하자는 차원에서 수식어가 '미국에 대한against the United Sates'으로 변경됐다고 한다. 이것을 보면 '중대한 범죄와 비행'의 본래 취지는 '미국이라는 국가에 대한 중대한 범죄와 비행'이었음이 분명하다. 물론 그 뒤 문안을 다듬는 자구 수정 과정에서 이런 문구가 중복되는 표현이라는 이유로 삭제됐다고 한다. 연방헌법의 기초자들에게는 '중대한 범죄와 비행'이라고 하면 국가에 대한 범죄와 비행을 의미하는 것임이 분명했던 모양이다.

하버드 로스쿨 캐스 선스타인Cass Sunstein 교수는, 미국 헌법이 탄핵의 사유를 규정하면서 '살인murder, 폭행assault, 그 밖의 중대한 범죄와 비행'이란 식으로 규정하지 않고 '반역죄treason, 뇌물죄bribery, 그 밖의 중대한 범죄와 비행'으로 규정한 것에 주목했다. 만일 살인이나 폭행 뒤에 '중대한 범죄와 비행'을 규정했으면 중대한 범죄와 비행은 살인이나 폭행의 연장선상의 개념이 되었을 테지만, 반역이나 뇌물 뒤에 규정한 것은 '반역'이나 '뇌물'처럼 공직을 잘못 사용하거나 남용하는 경우로 보았다는 주장이다. '중대한 범죄와 비행'은 공직을 오용하거나 남용하는 경우를 통틀어 말하는 것이고, 반역이나 뇌물은 이런 범죄와 비행의 대표적 유형으로 제시한 것이라는 취지이다. 아울러 '반역, 뇌물, 그 밖의 중대한 범죄와 비행'에서 '범죄'와 '비행'은 구별해서 취급해야 할 별도의 개념이 아니라 법적으로 위법한 행위에 해당하든(범죄) 그렇지 않든(비행) 간에 공직을 심하게 오·남용한 정도에 이르는 (단일한) 위반행위의 개념으로 읽어야 한다고 설명했다. '중대한 범죄와 비행'이란 말이 영국의 탄핵재판에서 탄핵의 근거가 되는 탄핵사유를 뭉뚱그려서 표현한, 하나의 기술적 용어term of art임을 강조한 설명으로 보인다(캐스 선스타인,『탄핵』).

대통령 탄핵사유의 정리

　　1974년 닉슨 대통령 탄핵 사건의 와중에 탄핵에 관한 고전을 쓴 예일대 로스쿨 찰스 블랙Charles Lund Black 교수는 보통 법에서 'A) 반역죄, B) 뇌물죄, C) 그 밖의 중대한 범죄와 비행'으로 사유가 나열될 때 반역죄와 뇌물죄 뒤에 열거되는 '그 밖의 중대한 범죄와 비행'은 선행하는 반역이나 뇌물과 같은 종류의 위반행위offenses일 것이 요구된다고 지적했다. 우리 헌법상 비상계엄 선포의 요건이 '전시·사변, 또는 이에 준하는 국가비상사태'라면, 맨 뒤에 오는 국가비상사태는 전시나 사변에 준하거나 같은 급의 사태를 말하는 것과 같은 이치이다.

　　블랙 교수는 이런 차원에서 '중대한 범죄와 비행'에 해당하려면 1) 아주 심각한serious 위반행위에 해당하고, 2) 정치과정이나 정부 절차를 전복하는 성격을 가지거나(반역) 부정부패라는 성질을 가지며(뇌물), 3) 선량한 시민이나 명예를 가진 사람의 관점에서 볼 때 그 자체로 명백한 잘못에 해당하는 위반행위라고 지적했다. 이런 점에서 대통령 탄핵의 사유는 사유 그 자체로 '중대성'을 가지는 위반행위여야 한다고 주장했다(찰스 블랙, 『탄핵: 핸드북』). 미국에 대한 반역이나 뇌물 수수가 중대한 위반행위에 해당하듯이 '중대한 범죄와 비행' 역시 이에 버금가는 중대한 위반행위로 볼 수밖에 없다는 취지이다. 반역이나 뇌물처럼 미국의 헌정질서를 전복하는 행위이거나 부정부패의 정도가 심각한 행위를 저질러서 대통령 파면을 정당화할 만하다면 이런 정도로 중대한 위반행위는 모두 '중대한 범죄와 비행'의 탄핵사유에 포섭된다는 취지이다.

1974년 탄핵에 관한 또 하나의 고전을 쓴 하버드 로스쿨 라울 버거Raoul Berger 교수 역시, 대통령제 국가에서 대통령을 파면하여 헌정질서에서 제거하는 것은 정부의 기반을 흔드는 중대한 일이므로 그 파면에는 중대한 위반행위great offenses 가 요구됨은 당연하다고 했다. 그러면서 탄핵의 근거에 관한 2019년 〈의회 사무국 보고서〉 역시 조지 메이슨에 의해 '중대한 범죄와 비행'이 마지막에 탄핵사유로 추가된 이유가 국가에 대한 대통령의 '중대하고 위험한 위반행위great and dangerous offenses'를 탄핵사유에 포함시키기 위한 취지였음을 언급했다. 바로 앞에 반역죄와 뇌물죄 같은 중대한 범죄가 오는 것을 보면 그런 점이 분명하다는 것이다(라울 버거, 『탄핵』).

먼저 대통령 탄핵의 사유 중 첫 번째 사유로 언급된 반역죄treason에 대해 살펴본다. 과거 영국에서는 반역죄가 다소 광범위하게 해석되고 소급 적용까지 되면서 정적 제거를 위해 악용된 사례들도 있어서 미국 연방헌법을 제정할 때 헌법의 기초자들은 반역죄의 요건을 엄격하게 정의하고자 직접 헌법에 명시했다고 한다.

미국 연방헌법은 제3조 제3항에서 반역죄에 대해 '미국에 대한 반역죄는 미국에 대해 전쟁을 개시하거나 미국의 적에 가담하여 원조와 지원aid and comfort을 제공하는 경우에만 성립하는' 행위로 좁게 정의했다. 미국 연방대법원 역시 반역죄의 적용 범위를 엄격하게 해석했다. 예컨대 1807년 애런 버Aaron Burr 반역 사건에서 연방대법원은 연방헌법 제3조가 말하는 '전쟁의 개시'는 단순한 계획이나 음모가 아니라 '전쟁을 개시하기 위한 명시적인 행위'가 있는 경우로 해석하고, 반역죄를 입증하기 위해서는 연방헌법 제3조에 따라서 그런 명시적인 행위를 목격한 두 명 이상의 증언이 있거나 공개된 법정에서 본인의 자백이 있어야 하고, 그렇지 않으면 반역 혐의에 대해 유죄를 선고할 수 없다고 판결했다.

두 번째 대통령 탄핵의 사유인 뇌물죄는 반역죄와 달리 연방헌법에 그 의미가 정의되어 있지 않았다. 그러나 보통법

체제 아래서 뇌물죄는 비교적 잘 정의되어 있는 범죄로 전통적으로 좁게 해석됐다. 대개 공직자의 직무수행에 영향을 끼칠 목적으로 대가를 제공하거나 받는 행위가 뇌물죄로 정의되고 있다. 연방 형법상 뇌물죄로 기소하기 위해서는 공무와 관련하여 부패한 의도corrupt intent로 가치 있는 것을 주고받아 대가관계가 있다는 것quid pro quo을 입증해야 한다는 것이다. 대개 뇌물죄 성립에 있어서는 '대가관계'가 있다는 것이 핵심이다(라울 버거, 『탄핵』).

미국 헌법상 대통령 탄핵의 의미와 절차

앞서 살펴본 것처럼 헌법으로부터 강력한 권한을 부여받는 대통령이 선출된 군주나 제왕 같은 존재가 되어서 그 권력을 남용하지 않을까 하는 우려 때문에 그 견제 장치로 대통령 탄핵제도가 만들어졌다. 연방헌법의 기초자들은 이런 문제 때문에 두 가지 장치를 두었다고 생각한다.

하나는 몽테스키외의 3권분립 이론에 따른 엄격한 권력분립이다. 국가권력을 그 기능에 따라서 입법권, 사법권, 행정권으로 나누고 각각 입법부, 행정부, 사법부라는 각기 다른 부branch에 분립시킨 것이므로, 다른 부branch의 권한을 존중하고 침범할 수 없다는 것이 미국 헌정질서의 기본 원칙이다. 이렇게 권력을 엄격하게 분립시키는 이유는 권력 상호 간의 견제와 균형을 통해 절대 권력이 되지 못하도록 하고, 이를 통해 국민의 자유와 권리를 침해하는 것을 막고 권력을 남용하는 것을 방지하기 위함이다.

당시 헌법 기초자들의 권력분립에 대한 이해는 『연방주의자 논설』에도 잘 표현되어 있다. 미국 제4대 대통령을 역임한 제임스 매디슨은 버지니아주 헌법이 권력분립에 대해 "입법부, 행정부, 사법부는 분리되고 구분되어야 하고, 어느 부도 다른 부에 속한 권한을 행사해서는 안 된다. 또 누구도 그중 하나 이상의 권리를 동시에 행사해서는 안 된다."라고 정리한 것을 권력분립의 좋은 예로 들었다. 의회를 상원과 하원으로 나눈 것 역시 국민의 자유 보장을 위한 권력분립 원칙 때문이라고 했다. 공화제 정부에서는 입법부가 지배적이기 마련이어서 이에 대한 대책으로 입법부를 상원과 하원으로 나누는 것으로 헌법에 설계했다는 것이다.

다른 하나는, 탄핵제도를 대통령 중심제에 맞게 설계했다는 점이다. 영국의 탄핵제도를 수용하되 미국식 대통령제에 맞게 변용했다. 영국에서의 탄핵은 국왕의 권한을 견제하기 위해 왕의 측근 대신들을 형사처벌하던 절차였다. 그러나 미국에서의 탄핵은 반대로 대통령 자신은 물론이고 그 측근들의 잘못에 대해서도 대통령에게 책임이 있는 경우 그 책임을 물기 위해 만들어진 절차이다. 즉 영국에서는 최고 지도자 왕은 탄핵 대상이 아니었지만, 미국에서는 최고 행정관 대통령이 탄핵의 주된 대상이다. 그리고 탄핵의 사유도 대통령 탄핵에 걸맞게 '반역'이나 '뇌물' 같은 중대한 범죄, 그리고 이와 동급으로 여겨질 수 있는 범죄뿐만 아니라 범죄가 성립되지 않더라도 대통령을 더 이상 대통령직에 둘 수 없을 만한 비행misconduct도 탄핵의 사유로 삼았다.

대통령 탄핵의 사유로서의 '중대한 범죄와 비행'은 이러한 맥락에서 볼 때 대통령직에 대한 국민의 신뢰를 저버리는 비행으로 국가와 사회에 해악을 끼치거나 위협하는 헌정질서 위반이 가장 중요한 탄핵의 이유일 수밖에 없다. 다른 공직자도 아니고 국정의 최고책임자이자 국가 원수인 대통령의 위반행위가 문제 되어 탄핵을 통한 파면이 추구된다면 잡범처럼 무슨 범죄가 성립하거나 개별적 법률을 위반했다는 점이 아니라 헌정질서 위반이 핵심일 수밖에 없는 것이다. 탄핵의 근거에 관한 미국 〈의회 사무국 보고서〉 역시 미국의 탄핵제도는 연방헌법에 따른 정부 체제(즉 헌정)를 유지하는 것이 주된 목적이라고 했고, 아울러 대통령 같은 권력자에 의해 자행되는 권력 남용abuse of power에 대한 대응책으로 마련된 것임을 강조했다.

대통령 탄핵 절차를 보면, 그동안 대통령 탄핵은 대개 다음과 같은 절차로 진행됐다. 우선 하원 법사위원회, 상원 또는 하원의 특별위원회가 대통령에 대해 탄핵할 근거가 있는지 탄핵 조사impeachment inquiry를 시작한다. 특별검사의 수사(조사)는 이보다 선행하거나 병행한다. 대통령을 탄핵할 충분한 근거가 있다고 판단되면 하원 법사위원회는 대통령 탄핵의 사유를 모아서 탄핵소추장을 작성하고 탄핵사유별로 표결도 실시한다. 대통령 탄핵소추안건은 그 뒤 하원 전체회의에 상정되어 하원 전체회의에서 탄핵소추장의 탄핵사유별로 표결을 통해 확정된다. 탄핵의 사유별로 하원 법사위원회와 전체회의의 두 번의 표결을 통해 탄핵의 사유가 확정되는 것이다. 이렇게 하원에서 탄핵의 사유가 확정되고 탄핵소추장이 상원에 송부되면 상원은 탄핵재판을 진행하고 재판을 마치면서 하원이 소추한 탄핵사유의 항목별로 유죄 또는 무죄로 표결하여 대통령에 대한 파면(면직) 여부를 결정한다. 하원의 탄핵소추장은 형사절차에서 검사의 공소장 같은 것으로, 공소장(탄핵소추장)에 기재된 범죄사실(탄핵사유) 별로 혐의가 인정되는지(즉 유죄인지), 인정되지 않는지(즉 무죄인지)에 대한 표결이 상원에서 이루어지는 셈이다.

연방국가 미국의 헌정질서와 대통령 탄핵

　　그렇다면 연방헌법의 기초자들이 수호하고 유지하고자 했던 미국의 헌정질서는 무엇인가? 연방헌법의 해석에 있어서 기준이 되는 신성한 문서로 간주되는『연방주의자 논설』을 보면 미국 헌정질서의 핵심을 알 수 있다.

　　첫째, 연방주의이다. 미국의 헌정질서는 원래 국가연합 체제의 무능과 비효율 등의 문제로 인해 국가연합의 구성원인 각 주들이 주권을 포기하고 연방에 일원이 되기로 한 연방주의 위에 만들어졌다. 그래서 흑인 노예의 처리 문제로 남부의 주들이 미국 연방에서 탈퇴하자 연방의 수호를 위해 남북전쟁까지 불사했던 것이다.

　　둘째, 권력분립의 원리이다. 몽테스키외의 3권분립 원리에 따라서 입법부, 행정부, 사법부를 연방헌법 제1조, 제2조, 제3조에 각각 규정하고 서로 간섭할 수 없도록 함으로써 각 부 branch 간의 상호 견제와 균형의 원리에 입각한 균형 헌법을 지향했다.

　　셋째, 민주주의와 공화정이다. 민주공화정은 미국이 1787년 연방헌법 제정을 통해 세계 최초로 만들어낸 체제이다(김진욱,『공수처, 아무도 가지 않은 길』).『연방주의자 논설』중에서 가장 중요한 논설로 꼽히는 제임스 매디슨이 쓴 10번 논설을 보면 매디슨을 비롯한 연방헌법의 기초자들이 생각한 공화정은 다수의 시민이 소수의 대표자를 선출하여 선출된 대표자들이 나라를 다스리는 대표의 체계scheme of representation를 갖는 통치체제이다. 매디슨적 민주주의라고도 불린다. 현재의 관점에서 보면 대의민주주의 체제이다.

대통령 탄핵의 사유인 '반역죄, 뇌물죄, 그 밖의 중대한 범죄와 비행'을 미국의 헌정질서에 입각하여 생각해 보면, 신생 공화국 미국 연방을 이끄는 대통령이 영국이나 프랑스 같은 강한 나라나 그 나라의 군주로부터 뇌물을 받거나 미국에 불리한 조약을 체결하는 등 미국의 국가 이익을 해친다면 대통령 탄핵의 사유에 해당할 것이다. 『연방주의자 논설』을 보면 실제로 이런 가능성을 위험요소로 거론하면서 연방헌법 제2조 제4항의 탄핵사유를 언급하고 있음을 볼 수 있다.

또한 권력분립의 원리나 민주주의와 공화정과 관련해 보면, 대통령이 권력분립의 원리에 반하여 자신에게 헌법상 부여된 권한의 테두리를 넘어서 다른 부나 기관의 권한을 침범하는 경우, 자신의 재선을 위해 선거 부정을 꾀하거나 조작하는 경우 등에도 헌정질서 위반의 탄핵사유에 해당할 것이다.

사실 1787년 미국이 연방헌법을 통해 만들어낸 민주주의와 공화정 체제는 처음에 상당히 취약할 수밖에 없었다. 미국 건국 초기를 보면, 미국 연방이 갓 출범하여 정치적, 경제적, 군사적으로 아직 힘을 갖추지 못한 상태였고 영국이나 프랑스, 오스트리아 같은 유럽 열강들과 그 군주들이 강고하게 체제를 유지하던 상황이었으므로 새로 만든 민주주의와 공화정 체제를 잘 유지하고 뿌리내리게 하는 것은 국가적 과제였다.

전 세계적으로 민주주의가 대세가 된 오늘날에도 여전히 민주주의는 취약하고 언제든 독재체제로 전락할 위험성이 있다는 지적이 많다. 민주적으로 선출된 지도자가 민주제도를 전복할 수 있고 세계적으로도 이제 그런 경우들이 많이 늘어나고 있다는 것이다. 하버드대 정치학과 교수 레비츠키와 지블랫이 2018년에 쓴 『어떻게 민주주의는 무너지는가』에 잘 설명되어 있다. 선거를 통해 집권한 민주 정부가 독재체제로 갈 때 다음 4가지의 이상 징후를 보인다고 한다. 첫째 민주주의 규범 준수의 거부, 둘째 정적political enemy의 정당성 legitimacy에 대한 부정, 셋째 폭력의 조장 또는 묵인, 넷째 정적과 언론의 자유와 권리 억압이다. 여기서 민주주의 규범 준수와 관련하여 선거 불복 등 선거제도의 정당성을 부정한 바가 있는지를 중요 요소로 거론했다.

알렉시스 토크빌의 평가

     프랑스 귀족 토크빌Alexis Tocqueville은 1831년 5월 신생 국가 미국에 도착해 1832년 초까지 여행한 뒤 그 경험을 바탕으로 1835년 『미국의 민주주의』라는 명저를 썼다. 이 책의 서문에서 토크빌은 미국인들이 조건의 평등을 마음껏 누리고 있다는 점에 크게 감명받았다고 하면서 미국의 탄핵제도에 대해 제7장에서 별도로 논했다. 유럽에서는 탄핵 같은 정치적 사건의 재판은 생명형과 신체형으로 범법자를 형사적으로 처벌하는 것을 목표로 하는데, 이에 반해 이런 재판을 상원이 하는 미국은 형사처벌 같은 수단을 쓰기보다는 권력을 악용한 사람으로부터 권력을 박탈하고 그 이후로는 다시 권력을 얻지 못하게 하는 것을 목표로 하는 온건한 절차로 규정했다. 토크빌은, 이렇게 미국이 탄핵재판에서 권력자에 대해 권력을 행사할 만한 자격이 없다고 선언하기는 하되 그 생명과 신체에는 손을 대지 않는 것은 권력자의 폭정에 따른 극악한 결과를 피하기 위한 현명한 방법으로 높이 평가했다.

     토크빌이 1831년부터 1832년 초까지 미국 각지를 여행할 때 유명 인사들을 많이 만났는데 그중에 미국의 유명한 법학자이자 1812년부터 1845년까지 연방대법관을 지낸 조제프 스토리Joseph Story도 있었다. 스토리 대법관이 1833년 쓴 미국법에 대한 주석서는 당시 매우 권위 있는 책이었는데, 이 책에서 스토리 대법관은 탄핵사유에 대해 다음과 같이 서술했다.

"탄핵의 대상이 되는 위반행위는 엄격한 법적 의미에서의 범죄가 아니다. 공직을 담당하는 사람의 개인적 비행이나 커다란 부주의, 공익에 대한 습관적인 무시, 권한 찬탈로부터 나오는 정치적인 위반행위라 할 수 있다."

탄핵 대상이 되는 위반행위가 정치적 성질을 지닌다는 앞서 본 알렉산더 해밀턴의 『연방주의자 논설』과 일맥상통하는 주장이다. 조제프 스토리는 탄핵 대상이 꼭 범죄일 필요가 없다는 점, 그리고 타인의 권한을 자기 권한으로 주장하고 행사하는 '권한 찬탈'뿐만 아니라 개인적 비행이나 커다란 부주의도 얼마든지 탄핵의 근거가 될 수 있음을 분명히 했다.

이제 다음 장부터는 미국의 대통령 탄핵 사례로 1868년 앤드루 존슨 대통령 탄핵 사건, 1974년 닉슨 대통령 탄핵 사건, 1998년 클린턴 대통령 탄핵 사건, 2019년 트럼프 대통령 1차 탄핵 사건, 2021년 트럼프 대통령 2차 탄핵 사건을 차례로 살펴본다.

제2부

미국 대통령들은
왜 탄핵됐나

3장
존슨 대통령 탄핵과 초기 탄핵

앤드루 존슨 대통령 탄핵재판

1868년 5월 16일 미국 상원에서 앤드루 존슨 대통령을 파면(면직)할 것인지에 대한 표결이 있었다. 같은 해 3월 13일부터 시작한 존슨 대통령 탄핵재판을 마무리하는 표결이었다. 1787년 연방헌법 제정회의에서 대통령 탄핵제도를 만든 이래 80년 만에 대통령 탄핵재판이 실제로 열린 것이다. 현직 대통령의 파면 여부가 상원의 표결에 달린 중요한 순간이었다.

미국 역대 대통령 중 최고의 대통령으로 꼽히는 대통령

은 16대 대통령 에이브러햄 링컨이다. 공화당 대통령 링컨은 1864년 남북전쟁 중 대통령 재선을 위한 선거를 치렀는데 민주당 출신 앤드루 존슨을 부통령 후보로 영입하여 재선에 성공했다. 재선 임기는 1865년 3월 4일부터 시작이었다. 링컨은 불과 한 달 뒤 4월 14일 포드 극장에서 연극을 관람하다가 남부의 극렬 지지자 존 윌크스 부스의 총탄을 맞고 다음 날 아침 사망했다. 링컨이 암살당하자 부통령 존슨은 링컨의 대통령직을 승계했다. 임기는 링컨의 잔여 임기인 1869년 3월 초까지였다.

하원은 1868년 2월 24일 존슨 대통령에 대해 공직임기보장법 위반을 이유로 탄핵소추를 의결했다. 126 대 47이라는 압도적인 탄핵소추 가결이었다. 게다가 당시 탄핵을 추진한 공화당의 상원 의석 역시 민주당에 비해 압도적이었다. 상원에서도 무난하게 대통령 파면이 예상되는 상황이었다. 상원은 탄핵재판을 마무리하면서 11가지 탄핵사유 중 가장 유죄 가능성이 높다고 생각된 11번째 사유를 먼저 표결에 부쳤다. 11가지 사유 중 어느 하나라도 상원에서 유죄로 인정되면 대통령은 파면(면직)되기 때문이다. 그러나 결과는 유죄 35표 대 무죄 19표였다. 파면을 위한 정족수에서 1표가 모자랐다. 존슨 대통령이 가까스로 파면을 면한 것인데 공화당에서 7표 정도 이탈표가 발생한 결과였다. 존슨은 몇 달 뒤 대통령

임기를 무사히 마쳤다.

존슨 대통령과 남부 재건정책

남북전쟁은 1865년 4월 초 북군의 승리로 끝이 났다. 4월 중순 링컨 대통령의 암살 후 존슨이 링컨의 대통령직을 승계할 때 당시 미국의 최대 현안은 남부의 처리 문제였다. 미국 연방에서 탈퇴하고 전쟁을 일으켰던 남부의 주들을 어떻게 미국 연방에 통합할 것인지, 과거의 흑인 노예를 어떻게 처리할 것인지의 문제였다. 미국 역사에서 남부 재건reconstruction의 시기로 불린다.

사실 존슨은 에이브러햄 링컨 못지않게 입지전적인 인물이다. 링컨처럼 어려운 가정 형편에서 태어났다. 존슨의 어머니는 14세 된 그를 양복 재단사 도제로 일하도록 했는데, 존슨은 5년 만에 도망쳐 나와 전전하다가 테네시주에 자리를 잡았다. 그곳에서 양복점으로 크게 성공했고 1853년 테네시주 주지사까지 오르는 등 자수성가한 인물이 틀림없다.

존슨은 대통령이 되고 나서 자신의 주도하에 남부 재건정책을 이끌어 가려 했다. 문제는 노예 소유주이기도 했던 존슨이 흑인을 경멸하고 흑인들의 투표권 행사에 반대했으며 시민권을 주는 데에도 반대했다는 점이다. 존슨은 이런 생각으로 흑인 노예에게 투표권, 시민권을 부여하지 않은 채 신속하게 남부 주들을 연방에 통합시키려고 했다. 흑인 노예를 소유했던 남부의 백인들과 민주당은 이를 지지했다. 그러나 공화당의 입장은 완전히 반대였다.

그러다 보니 남북전쟁 중 링컨의 노예해방 선언으로 해방된 흑인들Freedmen이 새로운 삶에 적응하도록 지원하기 위해 설립된 해방인 지원청Freedmen's Bureau 관련 법안에 대해서도 존슨은 거부권을 행사했다. 1866년 2월의 일이었는데 공화당이 주도하던 의회는 당연히 반발했다. 의회는 같은 해 3월에는 공화당 주도로 민권법Civil Rights Act of 1866을 통과시켜 미국에서 태어난 사람은 인종이나 피부색 등에 상관없이 누구나 시민권자로 명시하고 그들에게 계약할 권리, 자산을 매입하고 소유할 권리 같은 여러 권리를 부여하고자 했다. 그러나 흑인이 남부의 운영에 참여하면 안 되고 백인이 주도해야 한다고 확신한 존슨은, 남부의 주 정부가 흑인에게 시민권을 부여하지 않을 수 있다고 생각하고, 이에 대해서도 거부권을 행사했다. 의회는 다시 한 번 크게 반발했다. 흑인 노예에게 투표권과 시민권을 부여하고자 했던 공화당 주도의 상원과 하원은 대통령의 거부권 행사에도 불구하고 절대다수의 의결로 민권법을 통과시켜 버렸다. 대통령의 거부권 행사를 뒤집어엎은 것이다(김병호, 『탄핵으로 본 미국사』).

　공화당이 주도한 의회는 흑인 노예에 대한 시민권 부여 등 권익 보호를 확실히 하기 위해 헌법 개정도 추진했다. 남부 재건 합동위원회가 주도했고, 1866년 7월 수정헌법 제14조를 의결했다. "미합중국에서 출생하거나 귀화하고 미합중국의 관할권에 속하는 모든 사람은 미합중국의 시민이자 그 거주하는 주의 시민임"을 선언했다. 아울러 적법절차와 법의 평등한 보호도 규정했다. 존슨 대통령은 이런 수정헌법에 대해서도 공개적으로 반대 의사를 표시했지만, 1868년 모든 주의 비준을 마치고 발효했다.

　이런 와중에 1866년 11월 미국 의회의 중간 선거가 있었다. 이 선거에서 공화당은 하원에서 37석, 상원에서 18석의 의석을 추가로 획득하여 하원의 76%, 상원의 83%를 차지하는 압도적 다수당이 됐다. 공화당이 마음만 먹으면 존슨 대통령을 얼마든지 탄핵·파면할 수 있는 상황이 된 것이다. 공화당이 주도하는 의회와 대통령 간에 남부 재건정책을 둘러싼 주도권 싸움은 선거 이후 더욱 첨예해졌다. 존슨 대통령은 공화당의 주도로 1867년 2월 제정된 남부재건법 First Reconstruction Act에 대해서도 종전처럼 거부권을 행사했다. 그러나 의회는 같은 해 3월 2일 이번에도 절대다수의 힘으로 법안을 재의결하여 통과시켜 버렸다(김병호, 『탄핵으로 본 미국사』).

의회는 그 무렵 공직임기보장법Tenure of Office Act도 통과시켰다. 이 법은 상원의 동의를 받아 대통령이 임명한 연방 공무원은 상원의 동의 없이 해임될 수 없고, 의회가 휴회 중이라면 대통령은 해당 공무원의 직무를 정지시킬 수 있으나 의회가 개회하고 이를 승인하지 않으면 직무에 복귀하도록 한 내용이었다. 공화당이 이런 법을 통과시킨 것은, 존슨 대통령이 남부 재건정책을 담당하는 주무장관을 자기 마음대로 해임하고 의회가 원하지 않는 인사를 그 자리에 앉히는 것을 막고자 한 의도였다.

존슨 대통령에 대한 탄핵소추

존슨 대통령과 몇 년째 갈등하던 의회는 1867년 1월 초부터 하원 법사위원회 중심으로 존슨 대통령 탄핵을 위한 조사를 시작했다. 탄핵을 주도한 공화당 급진파는 존슨 대통령이 그동안 스무 건이 넘는 의회 입법에 대해 거부권을 행사한 것을 대통령의 권력 남용으로 규정했다. 이런 권력 남용을 연방헌법상 '중대한 범죄와 비행'의 대표적인 경우로 보고 탄핵사유로 삼고자 했다. 이런 와중에 1867년 12월 7일 존슨 대통령에 대한 탄핵소추안이 하원 본회의 표결에 부쳐졌는데 찬성 57표, 반대 108표로 압도적으로 부결됐다. 존슨에 대한 탄핵소추가 무르익지 않았던 것이다(조지형, 『탄핵, 감시 권력인가 정치적 무기인가』).

한편 존슨 대통령은 1867년 여름 의회의 휴정기에 링컨 대통령이 남부 재건정책을 주관하는 전쟁부장관으로 임명한 에드윈 스탠턴을 해임할 생각으로, 같은 해 8월 그랜트 사령관을 전쟁부 임시 장관으로 임명하고 스탠턴의 직무를 정지시켰다. 1868년 1월 휴정기를 마치고 복귀한 의회는 스탠턴의 직무 정지 승인을 거부했다. 그랜트 임시 장관은 의회의 의사를 존중해 사임했다. 그러나 장관의 해임에 의회의 동의를 요구하는 공직임기보장법은 위헌이라는 소신을 가진 존슨은, 1868년 2월 21일 스탠턴 장관에게 해임을 통보하고, 로렌조 토머스의 임시 장관 임명을 강행했다. 그러자 하원은 바로 3일 뒤인 2월 24일, 이번에는 찬성 126, 반대 47의 압도적인 표결로 대통령 탄핵소추를 의결했다.

하원이 의결한 탄핵사유는 11가지나 됐다. 상원이 후임자를 인준하기 전에 대통령이 스탠턴 장관 해임 명령을 내려 공직임기보장법에 위반하여 '중대한 비행high misdemeanor'을 범한 점(1항), 로렌조 토머스 등과 공모하여 불법적으로 당시 전쟁부장관이었던 스탠턴이 그 직무를 수행하지 못하도록 방해하여 '중대한 범죄high crimes'를 범한 점(4항), 전쟁부장관 스탠턴을 해임하고 로렌조 토머스를 그 자리에 임명함으로써 군사 업무와 전쟁부에 배정된 예산을 불법적으로 통제하려 하여 '중대한 비행high misdemeanor'을 범한 점(8항) 등이 탄핵 사유였다. 의회는 마지막에 포괄적 탄핵사유로, 남부 주들의 연방 편입이 아직 이루어지지 않은 상황에서 미국 의회의 입법에 대해 위헌·위법하게 도전함으로써 성실히 법집행을 하겠다는 취임 선서에 위반하고, 스탠턴 장관을 해임함으로써 공직임기보장법을 위반했다는 사유(11항)도 추가했다.

존슨 대통령 탄핵소추를 보면 탄핵사유마다 '중대한 범죄high crimes'인지 '중대한 비행high misdemeanor'인지 명시한 것이 특징적이다. 흥미로운 점은 연방헌법상 탄핵사유 중 하나인 '중대한 범죄와 비행high crimes andmisdemeanors'이 '범죄와 비행'과 같이 '그리고and'로 연결되어 있으나 실제 적용은 위에서 본 존슨 대통령 탄핵사유처럼 '범죄이거나or 비행'이라는 점이다. '중대한 범죄'이거나 '중대한 비행' 중 하나면 된다는 것이다. 이런 점을 보더라도 형사범죄가 성립해야 대통령 탄핵사유가 된다는 주장은 힘을 잃는다.

존슨 대통령에 대한 탄핵소추는, 요컨대 적법하게 전쟁부 장관으로 임명된 스탠턴을 의회의 동의 없이 해임하고 그 직무를 정지시키는 명령을 한 것은 공직임기보장법 위반이고,

연방헌법상 '중대한 범죄와 비행'이라는 탄핵사유에 해당한다는 취지이다.

상원의 탄핵재판

상원은 연방헌법에 따라 대법원장을 재판장으로 하여 1868년 3월 13일부터 탄핵재판을 시작했다. 탄핵사유 중에서 특히 쟁점이 된 사항은 1항, 2항, 11항 등이었다. 존슨 대통령 측의 변론은, 대통령이 장관 해임 명령을 내린 것은 형사범죄가 아니라는 점, 링컨 대통령이 전쟁부장관으로 임명한 스탠턴을 존슨 대통령이 해임하는 것은 공직임기보장법이 적용되지 않을 뿐만 아니라 공직임기보장법의 해당 조항은 위헌이라는 점, 공직임기보장법이 스탠턴에게 적용되고 위헌이 아니라 하더라도 대통령은 장관들의 조언을 듣고 선의로in good faith 그렇게 한 것에 불과하다는 점, 만일 이런 모든 주장이 이유 없더라도 대통령의 언행으로 인해 공공에 무슨 피해를 야기한 바도 없으므로 대통령직에서 파면될 사유는 아니라는 등의 주장이었다. 아울러 대통령을 파면하려면 미합중국에 대한 '정치적 범죄'가 있어야 하는데 그런 '정치적 범죄'가 성립하려면 정부 운영의 기본 원칙을 뒤집는 성격의 범죄에 해당하거나 공공의 이익에 크게 반하거나 미국 헌법에 대한 범죄에 해당하는 경우여야 한다고 주장했다. 그런데 이 사건에서 존슨 대통령의 행위는 그런 정치적 성격의 범죄가 아니라는 것이다(존 라보비츠, 『대통령 탄핵』).

상원은 1868년 5월 16일 정오, 존슨 대통령의 탄핵사유 중 의원들로부터 가장 많은 지지를 받은 11항을 먼저 표결에 부쳤다. 결과는 유죄 35표, 무죄 19표로 파면 정족수에서 불과 1표 부족했고, 존슨은 파면을 면했다. 이런 결과가 나오자 상원의원들 사이에서는 열흘 뒤로 재판을 연기해서 다른 탄핵사유에 대해 표결을 해보자는 제안이 나왔다. 이에 따라 열흘 뒤 탄핵사유 2항과 3항에 대한 표결이 실시됐지만 동일한 표결 결과가 반복됐다. 상원은 표결을 다시 연기하기로 했지만 더 이상 절차 진행 없이 종료됐다. 존슨 대통령이 공화당 상원의원들을 설득한 결과, 최소 7명 이상의 공화당 이탈표가 생긴 것이다. 존슨 대통령이 가까스로 대통령직을 유지하게 됐지만 그 뒤 퇴임할 때까지 더 이상 의회와 주도권 싸움을 하거나 대결 국면으로 가지 않고 정치적으로 무력해졌다. 그가 탄핵을 면할 수 있었던 것은 존슨이 탄핵재판 중에 정치력을 발휘해 의회에 협조할 것을 약속하고 공화당 보수파를 자신의 편으로 확보했기 때문이다. 존슨 대통령의 남은 임기가 9개월이었다는 점도 유리하게 작용했다. 공화당 의원들이 볼 때 그 정도 기간은 참을 만했다. 또한 존슨 대통령이 탄핵재판에서 파면되는 경우 상원 임시의장 웨이드 의원(공화당)이 대통령직을 승계할 순서였는데, 웨이드가 대통령이 되는 것을 싫어한 의원들이 많았다는 정치적 이유도 작용했다(조지형, 『탄핵, 감시 권력인가 정치적 무기인가』).

공화당 이탈표 의원 중에는 대통령이 자기 각료를 해임하는 데에 있어서 의회의 동의를 받도록 한 공직임기보장법 조항은 위헌이라는 존슨 대통령의 의견이 일리 있다고 보고 동의한 사람들도 있었다. 실제로 이 조항은 1926년 연방대법원 판결Myers vs. United States 사건로 위헌 선언됐다.

존슨 대통령 탄핵의 의미

존슨 대통령 탄핵에 대해서 미국 헌법학계에서는, 대통령이 의회와 정책 방향을 달리하면서 방해한다는 이유로 대통령을 벌주고 의회에 굴복시키려는 의도로 탄핵을 정치적 목적으로 악용한 것이라는 부정적인 평가가 많다. 의회와 대통령 간의 균형을 무너뜨려서 권력분립 원리에 반하고 연방헌법의 기초자들이 우려했던 대로 의회 독재의 길로 가려는 시도이며, 순전히 정파적·정치적 성격의 탄핵이라는 주장이다(라울 버거, 『탄핵』).

　사실 존슨 대통령이 1868년 2월 21일 스탠턴 장관에게 해임 통보 명령을 내리자마자 하원이 바로 3일 뒤 대통령 탄핵 소추안을 전격적으로 의결해 버린 것은, 대통령 권력을 견제하고 때로는 제압하고자 하는 탄핵의 정치적 면모를 여실히 보여준다. 또한 이렇게 정치적으로 위기에 몰린 존슨 대통령이 일부 공화당 상원의원들을 설득하여 이탈표를 만들어 상원에서 탄핵소추 기각이라는 결론에 이르는 과정 역시 대단히 정치적이었다. 의회가 탄핵이라는 강력한 무기를 휘두르는 것을 보고 정치적 타협을 시도한 대통령이 타협에 성공한 셈이다. 정치인인 하원의원들의 손에서 시작되고 역시 정치인인 상원의원들의 손에서 마무리되는 미국 탄핵의 정치적 측면을 잘 보여주는 사건이다.

　그러나 역사학계에서는 당시 의회가 공직임기보장법 위반으로 대통령을 탄핵소추한 것은 표면적인 이유에 불과하고, 그보다는 남부 재건이라는 시대적 과제에 대한 존슨 대통령의 퇴행적 역사 인식에서 비롯된, 대통령의 반복적, 권력 남용적 거부권 행사에 대해 의회가 제동을 걸었던 사건으로 본다. 사실 존슨 대통령에 대해 1867년 1월부터 의회 내에서 탄핵이 논의되다가 실제 탄핵소추는 일 년쯤 지난 1868년 2월 24일 압도적인 표결로 성사된 근본 원인은 남부 재건 관련 법안들에 대한 존슨 대통령의 반복적 거부권 행사 때문이었다. 앞에서 대통령제 아래서는 의회와 대통령이 대립하는 경우 이를 해소할 방법이 마땅히 없다는 문제가 있다고 했는데, 남부 재건정책의 방향이나 주요 내용에 관해 의회와 대통령 간의 생각이 완전히 다르고 평행선을 달리는 경우 조정하고 타협할 별다른 해결 방법이 없었던 셈이다. 의회와 내각 간의 원활한 소통과 협조가 이루어지는 의원내각제와 비교할 때 대통령제의 단점과 한계를 그대로 보여주는 사건이다. 이런 경우 의회는 대통령 탄핵이라는 강력한 수단도 불사할 수 있음을 보여준다.

역사적으로 볼 때 흑인 노예 문제로 미국 연방에서 탈퇴한 남부를 재건하고 국민통합을 이루려면 흑인 노예의 처리 문제, 특히 흑인의 투표권이나 시민권을 비롯한 흑인의 권익 보호 정책이 반드시 동반되어야 했다. 그런데 오로지 백인만이 남부를 운영해야 한다는 인식을 가진 존슨 대통령이 무조건 막아선 게 문제였다는 것이, 역사학계의 평가이다. 링컨 대통령의 남부 재건정책의 계승자임을 자처하면서도 정작 재건정책의 수혜 대상자인 흑인이 투표권이나 시민권 행사를 통해 이런 정책 결정에 참여하는 것을 존슨이 거부권 행사를 통해 막은 것은 대통령 권력을 남용한 반역사적, 반시대적 행태였다는 평가가 많다. 상원에서는 대통령 탄핵이 비록 기각되었지만, 역사는 존슨 대통령을 반시대적 인물로 탄핵한다는 것이다.

미국 연방이 남북전쟁까지 하면서 싸운 명분이나 시대정신은, 미국 남부와 북부의 진정한 통합과 향후 미국 연방의 항구적인 발전과 번영을 위해서도 흑인의 권익 보장을 요구하는 것이었다. 그런데 존슨 대통령이 남부의 재건과 통합을 추진한다고 하면서도 흑인의 시민권이나 법의 동등한 보호를 제공하고자 하는 수정헌법 14조까지 정면으로 거부한 것은 이런 명분과 시대정신에 정면으로 역행한 반역사적 조치였다. 존슨 대통령의 전임자인 링컨 대통령이 미국 역사상 최고의 대통령으로 추앙받는 것과 반대로 존슨 대통령이 미국 역사상 최악의 대통령 중 하나로 평가받는 것도 이와 무관하지 않을 것이다.

이런 차원에서 존슨 대통령 탄핵의 의미에 대해, 공화당이 주도한 하원이 존슨 대통령에 대한 탄핵을 소추하고 상원에서 불과 1표 차이로 대통령을 거의 파면할 뻔한 탄핵의 진행 과정을 정파적 성격의 나쁜 탄핵이고 의회의 탄핵소추 권한(하원)이나 탄핵재판 권한(상원)을 남용한 것으로 보는 것은 섣부른 판단일 수 있다. 대통령의 헌법상 권한인 거부권 행사도 어떤 경우에는 권력 남용으로 평가될 수 있고, 그런 경우 대통령의 탄핵과 파면도 가능할 수 있어야 하기 때문이다.

지금까지 1868년 미국 최초로 대통령이 하원에서 탄핵소추되고 상원에서 탄핵재판까지 받은 사건을 살펴보았다. 아래에서는 미국 초기의 탄핵 사건을 몇 건 간략하게 살펴본다.

미국 건국 초기의 탄핵 사례 - 반역 사건들

　　　　미국 건국 초기의 탄핵 사건으로 1797년 윌리엄 블라운트 상원의원 탄핵 사례가 있다. 1787년 연방헌법이 제정되고 탄핵제도가 도입된 지 10년도 지나지 않아 발생한 탄핵 사건이다. 탄핵사유는 반역이다.

당시 영국과 스페인은 1796년부터 1808년까지 전쟁 중이었다. 미국은 이 전쟁에서 일찌감치 중립을 선언했는데, 블라운트는 스페인의 영토였던 플로리다와 루이지애나를 영국에 넘기려 했다. 하원이 작성한 탄핵소추장의 요지는, 블라운트가 미국의 중립의무에 위반하여 군사 원정대를 조직하여 영국을 위해 스페인 영토 플로리다와 루이지애나를 점령하려 했다는 것이었다. 하원이 1797년 7월 7일 블라운트를 탄핵소추하고, 상원은 바로 다음 날 블라운트의 제명을 의결했다.

블라운트는 1799년 상원의 탄핵재판에 출석하지 않고 대리인을 통해 자신은 이미 상원의원직을 박탈당하여 탄핵 대상이 아니라고 주장했다. 상원의원이 연방헌법 제2조 제4항에 따라 탄핵의 대상이 되는 '민간인 공직자'에 해당하는지도 재판의 쟁점이 됐다. 하원은 블라운트가 탄핵 대상이 되는 민간인 공직자에 해당한다는 전제로 탄핵소추를 한 것이지만 상원의 판단은 달랐다. 상원은 블라운트에 대해 탄핵의 재판관할이 없다는 이유로 탄핵소추를 기각했다(라울 버거, 『탄핵』). 얼마 전까지 블라운트의 동료였던 상원의원들이 내린 재판 결과였다. 블라운트 탄핵 사건 이후 미국에서 상·하원 의원들은 탄핵 대상이 아닌 것으로 정리됐다.

반역을 이유로 한 또 다른 탄핵 사건이 미국 남북전쟁 중에 있었다. 웨스트 험프리즈 테네시주 연방지방법원 판사 사건이다. 1861년 4월 12일 남북전쟁이 발발한 후 험프리즈는 남부연합으로 건너가서 거기서도 판사직을 수행하는데, 미국 연방에서 탈퇴를 선동하고 무장 반란을 조직하여 미국 연방을 상대로 전쟁을 일으켰다는 반역 혐의로 탄핵이 소추됐다. 1862년 5월 19일의 일이다. 험프리즈 판사는 상원의 탄핵재판에 출석하지 않았고 대리인을 통해 자신을 변호하지도 않았다. 이에 상원은 5시간 만에 탄핵재판을 종료하고 만장일치로 험프리즈를 판사직에서 파면했다(존 라보비츠, 『대통령 탄핵』).

미국 건국 초기의 탄핵 사례 - 존 피커링 연방 법관

1797년 블라운트 상원의원 탄핵 사건에 이어서, 건국 초기 두 번째 탄핵 사건으로 1803년 존 피커링 연방 법관 탄핵 사건이 있다. 존 피커링은 1795년 초대 대통령 워싱턴에 의해 뉴햄프셔주 연방법원 판사로 임명받았다. 피커링은 1800년경부터 정신상태 이상을 보였다. 하원은 피커링이 때때로 술에 취한 상태로 재판을 진행하고 관련 법령에 명백하게 반하는 판결을 선고하기도 했다는 요지로 탄핵을 소추했다. 상원의 탄핵재판이 시작되자 피커링이 불출석한 채 피커링의 아들은 재판절차의 연기를 주장했다. 아들은 아버지가 미쳤다는 정신상태에 대한 증거를 제출하면서 피커링의 정신 이상을 이유로 탄핵·파면되어서는 안 된다는 취지로 주장했다. 연방헌법상 탄핵사유인 반역, 뇌물, 중대한 범죄와 비행 중 어디에도 해당하지 않는다는 이유였다. 그러나 상원은 1804년 탄핵재판에서 정신적으로 미쳤음insanity이 인정되어 표결을 통해 피커링을 파면했다(존 라보비츠,『대통령 탄핵』).

1787년 연방헌법 제정과정에서 알렉산더 해밀턴은 법에 명시적인 규정이 없더라도 정신상태가 온전치 못하고 미쳤거나 한 경우에는 당연히 공직으로부터 파면 사유가 되어야 한다고 주장했다. 그로부터 10년도 채 안 돼서 그런 일이 실제로 벌어진 것이다. 이 사건을 보더라도, 미국 연방헌법상의 탄핵은 형사범죄에 대한 처벌이 아니라 공직에 적합하지 않은 사람을 제거하는 제도로 고안된 것임을 잘 보여준다(라울 버거, 『탄핵』).

체이스 대법관 탄핵 사건

미국 역사상 세 번째 탄핵 사건은 연방대법원 새뮤얼 체이스Samuel Chase 대법관 탄핵 사건이다. 연방주의자였던 체이스는, 연방주의에 반대한 공화주의자 토머스 제퍼슨이 존 애덤스 대통령에 이어서 1801년 3월 대통령에 취임한 뒤 1804년 3월 12일 탄핵소추됐다. 체이스는 애덤스가 재선에 도전할 때 선거유세에 나설 정도로 열렬한 연방주의자였다. 하원에서 통과된 8개 항의 탄핵사유는, 체이스가 연방대법관에 임명되기 전 하급법원 판사였을 당시 1800년에 했던 존 프라이즈의 반역 사건 재판에서 편파적으로 재판 진행을 했다는 점(탄핵사유 1항), 제임스 캘린더가 애덤스 대통령 명예를 훼손하여 선동법 위반이 문제 된 사건에서 역시 편견에 사로잡혀 편파적으로 재판했다는 점(탄핵사유 2항)이 주된 사유였다. 그 외 체이스의 선동적이고 정치 편향적 발언(8항) 등을 문제 삼은 탄핵사유도 있었다.

연방주의와 공화주의가 치열하게 다투던 1800년경 존 프라이즈라는 농부가 재산세 징세에 반대하면서 무력시위를 일으켰다. 이 사건에 대한 재판은 1800년 4월 필라델피아에서 시작됐고 체이스가 맡았다. 헌법이 규정하는 반역죄가 되기 위해서는 프라이즈의 집단행동이 '전쟁의 개시'에 해당해야 했다. 체이스는 이것을 판사에게 결정권이 있는 법률문제로 보고, 프라이즈의 행위는 '전쟁의 개시'에 해당한다고 배심원들에게 지침을 내렸다. 변호인들에게 '전쟁의 개시'의 개념에 대해 다투지 말라고도 했다. 그러나 변호인들은 이렇게 결론을 미리 내고 재판하는 것은 편파적인 재판 진행이라며 항의하며 사임했고, 이것이 크게 문제가 됐다. 체이스는 개의치 않고 계속 재판을 진행하여 프라이즈에게 사형(교수형)을 선고했다. 이런 체이스의 일련의 재판 과정들이 탄핵사유가 된 것이다(프랭크 보우만,『중대한 범죄와 비행』).

체이스는, 제임스 캘린더 사건에서는 배심원 중에서 이 사건으로 애덤스 대통령의 명예가 훼손되었다는 편견을 가진 배심원을 배심원단에서 배제해 달라는 변호인의 요청을 거절했다. 아울러 변호인이 신청한 증인의 증인 채택도 거부하는 등 일방적이고 편파적으로 재판했다는 이유로 탄핵이 소추됐다.

체이스 대법관에 대한 상원의 탄핵재판은 1805년 2월 5일 시작됐다. 체이스 측에서는 형사적으로 기소 대상이 되는 범죄를 저질러야 탄핵사유가 된다고 주장하면서 재판을 편파적으로 진행했다 하더라도 그것은 탄핵사유가 될 수 없다고 주장했다. 형사범죄가 성립해야 탄핵사유가 된다는 주장은 그 뒤 탄핵재판이 있을 때마다 거의 빠짐없이 제기되는 주장이 됐다. 체이스 대법관의 파면을 위해서는 "알려진 법의 의도적인 위반wilful violation of a known law"이 필요하다는 주장이 대표적이다(존 라보비츠, 『대통령 탄핵』).

체이스 대법관의 탄핵재판은 비교적 빨리 진행되어 1805년 3월 1일 탄핵 사건에 대한 상원의 표결이 있었다. 당시 34명의 상원의원 중에서 공화주의자가 25명, 연방주의자가 9명의 구도여서 체이스에 대한 파면(면직) 결정이 무난한 상황이었다. 그러나 체이스가 재판을 편파적으로 진행했다는 1항과 2항의 탄핵사유에 대해서는 무죄라는 의견이 오히려 절반을 넘었다. 정치 편향적인 발언을 문제 삼은 탄핵사유 8항에 대해서도 유죄 18표, 무죄 15표로 파면 정족수에서 4표가 모자라는 결과로 체이스 대법관은 겨우 파면을 면했다(김병호, 『탄핵으로 본 미국사』).

체이스 대법관 탄핵에 대해서는 연방주의자 법관을 상대로 공화주의자들이 벌인 정파적 성격의 잘못된 탄핵소추였다고 평가하는 미국 학자들이 많다. 그러나 체이스 탄핵은 판사가 재판권을 남용한 사법적 비행judicial misconduct에 대한 정당한 탄핵소추이고, 상원에서 정치적 타협의 결과, 탄핵소추안을 부결시킨 것이야말로 정파적인 결정이었다는 반대 견해도 있다(라울 버거, 『탄핵』).

1986년부터 2005년까지 미국 연방대법원장을 지낸 윌리엄 랜퀴스트는 체이스 대법관 탄핵 사건에 대해 쓴 책에서, 체이스 탄핵을 미국 건국 초기 연방주의자와 공화주의자 간 갈등의 와중에 공화주의자들이 연방주의자 법관을 법관직에서 몰아내려 했던 정파적, 정치적 탄핵으로 그 성격을 규정하면서 체이스 탄핵소추가 상원 표결에서 부결된 것은 사법권 독립의 확립을 위해 퍽 다행인 일로 평가했다(윌리엄 랜퀴스트, 『Grand Inquest』).

벨크냅 전쟁부장관 탄핵 사건

미국에서 장관이 탄핵된 사건으로 1876년 있었던 벨크냅 전쟁부장관 사건이 있다. 유일한 장관 탄핵 사건이다. 이 사건에서는 이미 사임한 장관이 탄핵 대상이 되는지가 쟁점이 됐다.

윌리엄 벨크냅은 남북전쟁에서 북군으로 활약해 공을 세웠고 1865년 앤드루 존슨 대통령에 의해 국세청 징세관에 임명됐다. 그리고 1868년 남북전쟁의 영웅 율리시즈 그랜트가 대통령이 되자 1869년 전쟁부장관에 임명됐다. 그러나 두 번째 부인과 세 번째 부인의 사치와 낭비가 심해서 장관 급여로는 그들의 호화로운 생활을 감당할 수 없었던 벨크냅은 오클라호마 포트 실 군부대 거래상으로부터 정기적으로 상납을 받았다는 사실이 드러나 문제가 됐다(김병호, 『탄핵으로 본 미국사』).

이에 하원은 1876년 2월 뇌물수수 혐의로 벨크냅에 대한 탄핵 조사를 시작했고, 같은 해 3월 2일 벨크냅에 대한 하원의 탄핵소추 의결이 예정되어 있었다. 이런 소식을 들은 그랜트 대통령은 벨크냅을 백악관으로 소환했고, 벨크냅은 대통령에게 바로 사의를 표명했다. 그러나 하원은 몇 시간 뒤 만장일치로 벨크냅에 대한 탄핵소추를 의결했다. 5개 항에 걸친 탄핵사유의 주요 내용은 전쟁부장관 벨크냅이 군부대 거래상 임명 등과 관련하여 뇌물을 받았다는 것이다.

벨크냅에 대한 상원의 탄핵재판은 1876년 4월 5일 시작됐다. 이 재판에서 벨크냅의 대리인은 벨크냅이 이미 장관직에서 사임하여 탄핵 대상인 민간인 공직자에 해당하지 않으므로 탄핵 절차를 중지해야 한다고 주장했다. 그러나 상원은

37 대 29의 표결로 벨크냅이 탄핵 대상인 것은 맞다며 심판을 그대로 진행하기로 의결했다. 그러나 그 뒤 벨크냅의 파면 여부에 관한 상원의 표결에서 파면을 위한 유죄 선고의 정족수 40표에 못 미치는 결과로 끝이 났다. 사실 뇌물을 받았다는 탄핵사유에 대해서는 벨크냅도 별로 다투지 않았으므로 간단한 사건이었지만, 벨크냅에 대해 무죄로 표결한 상원의원들 다수(약 22명)는 벨크냅이 이미 사임한 상태이므로 상원 표결을 통해 장관직에서 파면할 필요가 없다고 생각했기 때문이다. 이미 사퇴한 장관에게 더 이상의 책임추궁은 무의미하다고 본 것이다(프랭크 보우만, 『중대한 범죄와 비행』).

4장
닉슨 대통령 탄핵

닉슨과 대통령 재선위원회

1972년 6월 17일 새벽 워싱턴 D.C. 워터게이트빌딩 민주당 선거본부에서 경찰이 절도 용의자 5명을 체포했다. 건물 내부에서 도청 장치를 조정하려다가 잡혔다는데 워터게이트 스캔들로 불리는 사건이다. 〈워싱턴포스트〉 기자 밥 우드워드와 칼 번스타인은 체포된 용의자 중에 전직 중앙정보부CIA 요원 제임스 매코드가 있다는 것을 알아내고 닉슨의 대통령 재선위원회와 연관성을 추적해 갔다. 그 뒤 사건 관련자로 하워드 헌트와 고든 리디가 추가로 체포됐고, 용의자 중 백악관 전화번호를 갖고 있던 사람도 있어서 백악관 연루도 의심되는 사건이었다. 닉슨의 대통령 재선위원회는 다음 날 이 사건과의 관련성을 즉각 부인했지만, 기자들은 닉슨 재선위원회의 선거자금이 용의자의 은행 계좌로 입금된 것을 밝혀냈다. 닉슨은 같은 해 11월 치러진 대선에서 압도적 표 차로 민주당 조지 맥거번 후보에게 승리하여 재선에 성공했다. 그러나 우드워드와 번스타인 기자는 닉슨의 재선위원회와 백악관, 사건 수사를 담당하는 연방수사국FBI을 상대로 취재를 계속하면서 재선위원회와 백악관이 이 사건에 깊숙이 개입했음을 밝혀냈다(밥 우드워드·칼 번스타인, 『워터게이트』).

한편 워터게이트 스캔들로 체포된 절도 용의자들에 대해 1973년 1월 배심원의 유죄 평결이 있고 나서 같은 해 3월 존 시리카 판사는 이들에게 중형을 선고하면서 진실을 밝히라고 했다. 닉슨의 백악관이 워터게이트빌딩 침입 사건을 사전에 알고 있었다는 의혹도 점점 커져 갔다. 백악관은 1973년 4월 17일 성명에서 닉슨 대통령은 워터게이트 사건을 나중에 알았고 어떠한 은폐 공작에도 관여하지 않았다고 발표했다. 그러나 이 사건 은폐에 깊이 연루된 백악관 법률고문 존 딘이 수사에 협조하기 시작하자 닉슨은 같은 해 4월 말 존 딘을 해임했고, 비서실장 홀더먼과 내무담당 보좌관 에일리크

먼은 사임했다.

한편 1973년 2월부터 가동하기 시작한 상원의 워터게이트 특별위원회는 같은 해 5월 17일부터 청문회 개최를 시작했다. 그 무렵 워터게이트 스캔들 조사를 위해 하버드 로스쿨 아치볼드 콕스Archibald Cox 교수가 리처드슨 법무장관에 의해 특별검사로 임명됐다. 같은 해 6월 말 백악관 법률고문 존 딘은 청문회에서 닉슨 대통령과 워터게이트 사건 은폐를 여러 차례 논의했다고 폭로했다. 같은 해 7월 중순에는 대통령 집무실 안의 모든 대화가 자동으로 녹음되는 시스템이 백악관에 있고 녹음테이프도 있을 것이라는 닉슨 보좌진 버터필드의 증언도 나왔다. 이에 콕스 특별검사는 닉슨 대통령과 보좌진들 간의 대화가 녹음되었을 9개의 녹음테이프를 제출해달라는 제출명령subpoena을 발부했다. 그러나 닉슨은 대통령의 행정 특권을 거론하면서 제출을 거부했다(밥 우드워드·칼 번스타인, 『The final days』). 행정 특권은 권력분립에 입각한 원칙으로 입법부나 사법부가 행정부에 대해 그 의사에 반하여 정보 공개를 강요할 수 없다는 내용이다.

1973년 10월 20일 토요일 콕스 특별검사의 거듭된 녹음테이프 제출 요청에 화가 난 닉슨은 법무장관 리처드슨에게 콕스를 해임할 것을 지시했다. 그러나 리처드슨은 이 지시를 거부하면서 바로 사임했다. 그러자 닉슨은 법무차관 루켈스

하우스에게 같은 지시를 내렸다. 법무차관 역시 거부하며 사임했다. 닉슨은 이번에는 송무차관Solicitor General 로버트 보크에게 같은 지시를 했고, 보크가 콕스 특별검사를 해임했다. 토요일 밤의 대학살Saturday Night Massacre로 불리는 사건이다. 이 사건 뒤 닉슨은 특별검사를 새로 임명하지 않고 법무부 내에서 워터게이트 사건 수사를 마무리할 생각이었다. 그러나 여론의 반발이 심해지자 12일 만에 레온 자워스키Leon Jaworski를 특별검사로 임명했다(프랭크 보우만,『중대한 범죄와 비행』).

한편 닉슨의 부통령이었던 스피로 애그뉴는, 메릴랜드 주지사 시절 탈세 혐의 등이 드러나자 1973년 10월 10일 부통령직에서 사임했다. 닉슨은 의회의 동의를 받아 같은 해 12월 공화당 하원 원내대표였던 제럴드 포드를 부통령으로 지명했다.

하원 법사위원회의 대통령 탄핵의 근거 조사

토요일 밤의 대학살 사건 이후 민주당 의원들 중심으로 닉슨의 탄핵소추를 요구하기 시작했고, 공화당 내부에서도 닉슨 대통령의 사임을 요구하는 주장이 나오기 시작했다. 당시 미국 의회의 상황은 상원과 하원 모두 민주당이 다수를 차지한 여소야대의 상황이었다.

　1974년 2월 6일 하원 전체회의는 하원 법사위원회에 닉슨 대통령을 탄핵할 만한 충분한 근거가 있는지 조사할 권한을 주는 결의안을 통과시켰다. 410 대 4의 압도적 의결이었다. 이것만 보더라도 워터게이트 사건에 대통령이 관여됐을 것이라는 의심이 상당했음을 알 수 있다. 1868년 앤드루 존슨 탄핵 이후 100년 만의 대통령 탄핵 사건을 맞이하게 된 하원은 대통령 탄핵의 근거에 대해 의회 사무국으로 하여금 조사하고 보고하도록 했다. 의회 사무국은 탄핵조사팀을 꾸려서 2월 22일 대통령 탄핵의 근거에 대한 〈의회 사무국 보고서〉를 제출했다.

　한편 1974년 3월 1일 연방대배심은 '워터게이트 7인방'으로 불리는 대통령 비서실장 홀더먼, 대통령 재선위원회 위원장 존 미첼, 대통령 특별보좌관 찰스 콜슨, 내무담당 보좌관 얼리크먼 등을 기소하는 결정을 하면서 닉슨을 공범으로 표시했다.

　하원 법사위원회는 1974년 4월 11일 백악관에 닉슨과 참모진 간의 대화가 녹음되었을 백악관의 녹음테이프에 대한 제출명령을 발부했는데, 백악관은 4월 30일 녹음테이프 대신 관련 없는 부분은 삭제했음을 표시한 편집된 녹취록을 제출했다. 하원 법사위원회는 이와 별도로 1974년 5월 9일

부터는 대통령 탄핵 조사의 일환으로 청문회를 개최하기 시
작했다.

대법원의 녹음테이프 제출명령

한편 자워스키 특별검사도 전임자 콕스 특검처럼
백악관에 줄기차게 녹음테이프 제출을 요구했다. 아울러 법
원에도 제출명령을 내려줄 것을 신청했는데 존 시리카 판사
가 이를 인용하며 같은 해 5월 말까지 제출할 것을 백악관에
명령했다. 그러나 백악관은 대통령의 행정 특권을 이유로 녹
음테이프 제출을 거부했고, 연방 항소법원이 재판할 예정이
었다. 자워스키 특별검사는 이 문제의 중요성과 시급성 등을
고려하여 연방대법원이 직접 판단해 달라고 요청했고, 연방
대법원은 이를 받아들여 이 문제를 직접 판단하기로 하고 사
건이송명령을 내렸다(김병호,『탄핵으로 본 미국사』).

연방대법원은 1974년 7월 8일 공개 변론을 열고 쌍방의 주
장을 들은 뒤 이례적으로 신속하게 같은 해 7월 24일 대법관
전원의 일치된 의견으로 대통령의 행정 특권을 부인하고 녹
음테이프를 제출하라고 명령했다. 미국United States 대 닉슨Nixon
사건이다. 대통령에게 행정 특권이 주어진 것은 맞지만, 절대

적인 권리는 아니고 녹음테이프가 형사사건에서 증거로 쓰일 필요성 등을 감안할 때 백악관이 제출을 거부할 수 없다는 취지였다.

닉슨의 재선 공작

1913년에 태어난 닉슨은 이미 40대 나이에 아이젠하워 대통령의 부통령으로 8년이나 국정을 운영한 경험이 있었다. 그런 닉슨이었지만 1960년 11월 공화당 대통령 후보로 나와서 민주당 케네디 후보에게 패배했고, 이어서 1962년 캘리포니아 주지사 선거에서도 패배하며 정치 인생이 끝난 듯 보였다. 그러나 1968년 다시 공화당 대통령 후보가 되자 이번에는 대선에서 승리하면서 화려하게 재기에 성공했다. 대선에서 베트남전쟁 종식을 선거공약으로 내세웠으나 대통령이 된 뒤에는 베트남군이 캄보디아 지역에 있다면서 비밀리에 캄보디아 폭격을 감행하는 등 전쟁에 개입했다. 〈뉴욕타임스〉는 이런 비밀 폭격을 보도한 데 이어서 1971년 6월에는 '펜타곤 페이퍼'로 불리는 국방부 기밀문서를 입수하여 베트남전쟁 수행을 포함한 인도차이나반도 전역에서의 미국의 활동과 공작을 상세히 보도했다.

닉슨은 정부 기밀이 언론에 공개되자 격노했다. 닉슨 행정부는 국방부 기밀문서를 언론에 누설한 다니엘 엘스버그를 간첩 혐의로 기소하는 한편, 백악관의 존 얼리크먼 보좌관을 중심으로 정보누설을 막고 누설자를 색출하기 위한 비밀 팀을 가동하기 시작하는데, 이들을 '배관공plumbers'으로 불렀다. 새는 물을 막고 수리한다는 데서 착안한 별칭이다. 이들은 먼저 다니엘 엘스버그의 정신과 치료를 담당한 의사 사무실에 몰래 침입했다. 엘스버그의 정신 병력을 확보하여 정신상태가 온전치 못한 사람이라는 증거를 확보하고자 했다(조지형, 『탄핵, 감시 권력인가 정치적 무기인가』). 닉슨 행정부는 아울러 연방수사국FBI을 통해 1969년부터 1972년 6월까지 기자들과 정부 관리들 사이의 통화를 국가안보를 이유로 도청했고, 이런 사실은 나중에 〈타임지Times〉 보도로 알려졌다. 닉슨 행정부가 1972년 민주당 대선 후보 조지 맥거번 선거캠프의 직원이나 선거자금 기부자들 575명의 소득세 감사 관련 자료 등을 국세청IRS에서 입수하려 한 사실, 1972년 6월 워터게이트 스캔들이 터진 후 중앙정보부CIA를 통해서 연방수사국FBI의 수사를 막으려 한 사실도 드러났다.

닉슨에 대한 탄핵소추

　　1974년 7월 하원 법사위원회는 닉슨 대통령을 '중대한 범죄 및 비행'을 이유로 탄핵소추하기로 하고 탄핵사유를 5개 항으로 한 탄핵소추장을 작성했다. 다만 같은 해 7월 27일부터 7월 30일까지 토론하고 표결한 결과, 캄보디아 폭격과 관련된 항목(4항)과 닉슨의 탈세 혐의에 관한 항목(5항)은 법사위원회 표결 결과 12 대 26으로 부결되어 3개 항목으로 정리됐다. 닉슨의 탈세 혐의는 1969년부터 1972년까지 닉슨이 자신의 소득은 줄여서 계상하고 비용은 늘려서 계상함으로써 탈세했다는 내용이었다.

　　탄핵사유 1항 사법 방해는 27 대 11, 2항 권력 남용은 28 대 10, 3항 의회의 탄핵소추 방해는 21 대 17로 가결됐다. 이런 표결 결과와 비슷하게 미국 학계 역시 탄핵사유 3항은 1항, 2항의 사유에 비해 약한 탄핵사유로 본다.

　　사법 방해와 관련된 1항은, 닉슨이 대통령직을 수행하면서 1972년 6월 17일 발생한 워터게이트빌딩 불법침입 사건과 관련한 조사 활동을 지연시키고 방해하고 은폐하기 위한 활동, 그리고 그러한 은폐 활동을 숨기기 위한 활동에 관여함으로써 헌법을 준수하고 수호하겠다는 선서에 반해서 사법 정의의 실현을 방해하고 교란했다는 것이다. 닉슨은 이러한 활동에 개인적으로, 그리고 그의 측근 보좌진 등을 통해 관여하여 분명한 책임도 있다는 것이다. 닉슨이 미국 국민을 속이거나 호도하는 공적인 진술을 하여 워터게이트 사건과 관련해 이미 충분한 조사가 수행됐다고 믿게끔 호도했다는 내용도 들어 있었다. 탄핵사유의 제목은 '사법 방해'지만 내용은 권력 남용이다.

권력 남용과 관련된 2항은, 닉슨이 대통령의 권한을 남용하여 미국 연방헌법을 준수하고 수호하겠다는 선서에 반하여 미국 국민의 헌법상 권리를 침해하고 사법 정의의 실현과 적법한 조사업무를 저해했다는 것이다. 구체적으로 닉슨이 개인적으로, 그리고 측근 보좌진 등을 통해서 국세청IRS을 동원해 개인의 헌법상 권리를 침해하는 방법으로 세금 감사tax audit 관련 비밀 정보를 빼내려고 노력했다거나 국가안보와 아무런 관련 없으면서도 연방수사국FBI이나 대통령 경호실Secret Service 같은 국가기관을 동원하여 개인들을 전자적으로 감시하는 사찰 활동을 계속함으로써 그들의 헌법상의 권리를 침해하거나 무시했다는 것이다.

의회의 탄핵 조사 방해 관련 3항은, 닉슨이 정당한 이유 없이 의회(하원)가 대통령의 탄핵소추를 위해 서류나 물건의 제출을 요구한 명령subpoena의 이행을 거부하여 의회의 탄핵소추를 방해했다는 것이다. 의회가 제출을 요구한 서류나 물건은 주로 닉슨 대통령의 지시나 인식, 승인 등을 입증하는 데에 관련된 것이었다.

하원 법사위원회는 닉슨에 대한 탄핵소추장에서, 1항부터 3항까지의 모든 탄핵사유를 다음과 같은 동일한 문구로 결론지었다. "이 모든 행위를 통하여 닉슨은, 대통령으로서의 신뢰를 저버리고 헌정을 전복하는 방법으로 행위하고, 법과 정의를 중대하게 침해했으며 미국 국민에게 분명한 해악을 끼쳤다."

결정적 증거의 출현과 닉슨의 사임

연방대법원이 1974년 7월 24일 대법관 전원의 일치된 의견으로 백악관 녹음테이프를 제출하라는 명령을 내리자 여론의 압력에 더 이상 견디지 못한 백악관은 같은 해 8월 5일 닉슨과 보좌진 간의 대화가 녹음된 대통령 집무실 녹음테이프를 제출했다.

녹음테이프의 공개로 워터게이트 사건 6일 뒤인 1972년 6월 23일 연방수사국FBI이 워터게이트 수사에서 손을 떼도록 중앙정보부CIA 등을 통해 압력을 넣으라고 닉슨 대통령이 홀더면 비서실장에게 직접 지시하는 내용이 공개됐다. 또한 워터게이트빌딩 침입자들에 대한 법원의 형 선고가 예정되기 이틀 전인 1973년 3월 21일 (워터게이트 사건에 대해 조용히 할 테니) 12만 달러의 돈을 달라고 하는 하워드 헌트에게 빨리 입막음 돈을 주라고 닉슨이 비서실장 홀더먼과 백악관 법률고문 존 딘을 재촉했던 사실도 드러났다. 녹음테이프에는 또한 워터게이트 사건을 은폐하고 대통령과의 연관성을 차단할 작전을 논의해 보라는 대통령의 지시도 녹음되어 있었다. 이런 녹음 내용이 만천하에 공개되면서 닉슨 대통령이 워터게이트 사건 은폐에 직접적으로 관여했다는 결정적 증거smoking gun가 됐다. 이에 닉슨의 사임을 요구하는 여론이 비등하게 됐다(김병호,『탄핵으로 본 미국사』).

녹음테이프가 공개된 후 1974년 8월 6일 공화당 상원과 하원의 원내 지도부와 1964년 공화당 대통령 후보였던 배리 골드워터 상원의원이 닉슨을 방문했다. 이때 닉슨은 상원에서 탄핵재판이 이루어지면 결과가 어떨 것 같은지 물었고, 이들은 공화당 내부에서도 거의 지지를 못 받을 것 같다고 답변했다. 이에 닉슨은 8월 8일 밤 전국으로 방영되는 TV 방송을 통해 사임을 발표했다. 닉슨의 사임에 따라 부통령 제럴드 포드가 닉슨의 대통령직을 승계하는데 포드는 한 달 뒤 닉슨을 사면했다. 닉슨이 포드에게 사면을 약속받고 사임했다고 보는 시각이 많다.

대통령 탄핵에 대한 의회의 논의

당시 닉슨의 탄핵 절차는 하원 전체회의에서의 탄핵소추 의결을 목전에 둔 상황이었는데, 닉슨이 사임해 버리자 더 이상의 절차 진행 없이 종료됐다. 그러나 계속 진행되었으면 하원 전체회의에서의 탄핵소추가 무난히 가결되고 상원의 탄핵재판에서 상원의원 3분의 2 이상의 찬성으로 파면(면직)됐을 것으로 보는 의견들이 많다. 미국에서 그동안 발생한 대통령 탄핵 사건 중에서 닉슨 탄핵 사건을 가장 파면 가능성이 높은 사건으로 보는 것이다.

상원의 당시 구성을 보면 미국 93대 의회가 민주당 56석, 공화당 42석의 의석 분포로 시작해 민주당 56석, 공화당 40석으로 회기를 마쳤다. 민주당이 상당한 우세였지만 공화당 상원의원들이 똘똘 뭉쳐서 반대하면 대통령이 파면될 수 없는 구조였다. 그러나 1973년 5월부터 상원과 하원의 청문회 개최로 1년이 훨씬 넘는 기간 동안 워터게이트 스캔들과 닉슨 백악관의 개입 여부가 연일 이슈가 되어 여론이 계속 나빠진 상황이었고, 게다가 닉슨 대통령의 개입을 부인할 수 없는 결정적 증거 녹음테이프까지 공개된 마당이라 공화당 의원들의 지지를 장담하기 어려운 상황이었다. 닉슨 사임 이틀 전에 백악관을 방문한 공화당 지도부 중에서도 탄핵재판을 담당할 상원의원 중 10명도 대통령을 지지하지 않을 것이라고 말할 정도의 분위기였다고 한다(마이클 게르하르트, 『대통령 탄핵의 법』).

하원 법사위원회에서 3개 항으로 된 탄핵소추가 가결될 때 반대표를 던졌던 공화당 의원 11명 전원이 백악관 녹음테이프 공개와 닉슨 사임 후 성명을 내고, 닉슨의 탄핵소추건에 대해 다시 투표한다면 자신들은 탄핵소추에 찬성표를 던질 것이라고 태도를 바꾼 것 역시 비슷한 맥락이다. 상원에서 닉슨 탄핵재판이 열렸으면 공화당에서 다수의 이탈표가 발생하여 닉슨 파면이 가결됐을 가능성이 그만큼 높았던 셈이다.

한편 하원 법사위원회의 지시로 탄핵의 근거에 관해 영국의 선례와 연방헌법의 탄핵조항 제정의 취지, 당시까지 있었던 탄핵에 관한 선례들을 모두 조사·연구하고 1974년 2월 22일 보고한 〈의회 사무국 보고서〉는, 의회에 대한 행정부 또는 대통령의 침해행위나 권력 남용에 대해 의회가 이를 방지하거나 억제하는 제도로 미국 탄핵제도의 기본적인 특징을 제시하면서, 대통령을 탄핵할 핵심 요소로 헌정질서나 법질서에 대한 대통령의 침해와 권력 남용을 들었다. 이런 이유로 대통령 탄핵에 있어서 중요한 쟁점은, 대통령의 위반행위가 형사적으로 범죄가 되느냐, 아니냐의 문제가 아니라 그 행위로 말미암아 권력분립 원칙을 포함한 헌정질서와 법질서가 얼마나 침해 또는 훼손되었는가 하는 점에 있다는 것이다.

사실 하원에서 닉슨에 대한 탄핵이 논의될 때 닉슨을 옹호하거나 반대했던 논거 중 하나는, 대통령 탄핵을 위해서는 반드시 형사적 범죄행위가 있어야 하고 그 범죄행위는 대통령을 탄핵할 만큼 중대한 범죄여야 한다는 것이며, 이에 따라 의회가 형사범죄가 아닌 사유로 대통령을 탄핵하려고 하는 것은 미국 연방헌법의 문언이나 취지에 맞지 않고 권력분립 원칙에 반하는 의회 우월주의일 뿐이라는 주장이었다. 그러나 이런 주장에 동조하는 헌법학계의 견해는 찾아보기 어려웠다.

닉슨 탄핵과 제왕적 대통령

닉슨 대통령은 '제왕적 대통령'이란 말의 출처가 된 대통령이다. 닉슨 대통령의 통치 스타일을 비판하기 위해 미국 역사학자 아서 슐레진저가 1973년 『제왕적 대통령』이란 책을 쓰면서 처음 사용한 용어이다. 닉슨이 미국 헌법에 명확하게 규정되어 있지 않은 대통령의 전시 권한(비상시 권한)을 적극적으로 주장하고 행사하면서 의회 승인도 없이 캄보디아를 폭격하고 국가안보를 이유로 정치적 반대자들을 사찰·감시하는 등으로 대통령 권한을 행사했다는 점, 입법부나 사법부의 견제에 대해 방어막을 치고 백악관의 일부 참모들과만 상의하고 의사결정하는 식으로 대통령 직무를 비밀주의로 수행했다는 점이 반영된 것으로 보인다.

탄핵의 근거에 대한 2019년 〈의회 사무국 보고서〉는 1974년 8월 사임한 닉슨이 1977년 5월 영국 언론인 데이비드 포스터와 인터뷰하면서 "대통령이 어떤 일을 한다는 것은, 그것이 불법이지 않다는 것을 의미한다."라고 말한 사실을 거론하면서 대통령의 권한 행사에 아무런 한계가 없다는 식의 이런 권력 남용적 태도가 문제임을 지적했다. 이런 태도야말로 제왕적 대통령의 면모가 아닐 수 없다.

국정운영 스타일에 있어서 존경받는 공화당 대통령으로 추앙받는 로널드 레이건의 경우, 각료 중심으로 국정을 운영한 전형적인 대통령이었던 반면에 닉슨은 각료 중심이 아니라 백악관 중심으로, 그것도 몇몇 측근과 상의하는 식으로 폐쇄적으로 국정을 운영한 대통령으로 평가된다(조지형, 『탄핵, 감시 권력인가 정치적 무기인가』). 닉슨은 홀더먼 비서실장 같은 몇몇 핵심 측근을 제외하고는 대면 보고보다는 서류 보고를 선호하는 스타일이었다. 그러다 보니 측근 보좌진들의 영향력이 더 컸을 것이다. 박근혜 대통령 역시 이와 비슷하게 장관들보다는 청와대의 일부 참모진 중심으로 국정을 운영한 것으로 평가받고 있다. 2016년 말 국정농단 사태의 와중에 청와대의 소위 '문고리 3인방'이 주목받은 이유였다.

닉슨이 견제받지 않는 권력, 제왕적 대통령이 되고자 했다면 그런 권력을 자기 마음대로 쓰는 것은 당연한 일이었을지도 모른다. 닉슨이 자신의 재선을 위해 1972년 6월 '배관공'이란 비밀 팀을 활용하여 민주당의 선거본부 워터게이트빌딩에 침투해 도청 장치를 설치하고 야당을 감시한 것은 선거제도를 본질적 요소로 하는 대의민주주의의 위반인 동시에 대통령 권력의 남용이 아닐 수 없다. 사실 도청과 사찰은 닉슨이 대통령이 된 1969년부터 광범위하게 자행됐다. 도청은 정식절차를 거치지 않고 고용된 전직 연방수사국FBI 수사관이나 전직 중앙정보부CIA 수사관에 의해 광범위하게 시행됐는데, 도청의 1차 목표는 기자들과 충성심이 의심되는 정부관료였다. 그 후 반전운동이 활발해지자 도청 대상이 과격한 반대파로 옮겨갔다. 대통령 선거가 가까워지자 민주당을 도청하는 것은 지극히 당연한 일이 됐다. 워터게이트 스캔들로 당황한 것은 그 사건으로 인해 이러한 전체 계획이 발각될 우려가 생겼기 때문이었다고 한다. 워터게이트 사건의 언론 제보자였던 마크 펠트 연방수사국FBI 부국장이 〈워싱턴포스트〉 우드워드 기자에게 폭로한 내용이다(밥 우드워드·칼 번스타인, 『워터게이트』).

또한 연방수사국 국장 러클하우스에 따르면, 1969년부터 1971년까지 최소한 17건의 도청 지시가 있었다. 문제는 누가 이런 도청을 승인했느냐는 것인데, 일부 도청 지시는 대통령실이 아닌 국무장관 헨리 키신저가 연방수사국에 하달했다고 한다. 닉슨 행정부하에서 도청을 비롯한 감시가 얼마나 광범위하게 자행됐는지 알 수 있는 대목이다. 닉슨 재선위원회 소속 하워드 헌트 등이 베트남전 관련 국방부 보고서를 유출한 다니엘 엘스버그의 정신과 의사 사무실에 침입한 것 역시 엘스버그의 정신병 치료 경력을 입수해 엘스버그의 신빙성을 흔들기 위한 공작으로 민간인 사찰이었다(밥 우드워드·칼 번스타인, 『워터게이트』).

닉슨 탄핵 사건에서 우리는 권력자가 어떻게 자신과 정권의 잘못을 숨기는지, 진실 발견을 가로막고 은폐하는지 볼 수 있다. 또한 어떻게 정보기관이나 권력기관을 동원하여 개인의 기본권을 침해하는지, 그리고 정권에 대한 반대자들이나 야당을 어떻게 탄압하는지 볼 수 있다. 제왕적 권력은 불편한 진실을 대면하고 자신을 고치려고 하기보다는 불편한 진실을 폄훼하거나 축소 조작하고, 가능하다면 완전히 숨기려 할 것이다. 그 과정에서 진실을 밝히려는 사람이나 세력을 철저하게 감시하고 탄압할 것이다. 그 이유는 진실이 밝혀지고 사태의 전모全貌가 드러나면 권력의 유지가 위태롭게 될 수 있기 때문이다. 제왕적 권력은 그런 것이다. 불편한 진실을 있는 그대로 받아들이고 자신을 고친다면, 그것은 민주적 권력이지 더 이상 제왕적 권력도 아니기 때문이다.

닉슨 탄핵의 의미

　　닉슨 대통령 탄핵 사례는 비록 상원의 탄핵재판에 이르지 않고 하원 법사위원회에서 탄핵소추가 의결된 단계에서 대통령이 사임하고 탄핵 절차가 종료된 사건이기는 하다. 그러나 대통령 탄핵의 근거로 보면 대통령의 권력 남용이 탄핵의 주된 근거가 된 사건으로, 연방헌법의 기초자들이 대통령 탄핵제도를 둔 취지에 가장 부합하는 사건으로 미국 내에서 평가받고 있다.

탄핵의 근거에 대한 2019년 〈의회 사무국 보고서〉는, 연방헌법의 기초자들로서는 헌정질서를 위태롭게 할 수 있는 위험을 초래할 수 있는 대통령의 '중대하고 위험한 위반행위'의 의미에서, 그러나 대통령의 모든 비행을 일일이 열거할 수는 없어서 '반역죄, 뇌물죄, 그 밖의 중대한 범죄와 비행'이라는 융통성이 있는 문구로 합의에 이르렀다고 설명한다.

〈의회 사무국 보고서〉는 이런 '중대하고 위험한 위반행위'의 유형으로 권력 남용과 부패, 미국에 대한 배신(배반)을 들었다. 권력 남용은, 넓게 보면 자기에게 주어진 권력의 한계를 넘어서 권한을 행사하는 권한 유월의 경우도 포함될 수 있다. 그러나 좁은 의미의 권력 남용은, 주어진 권력의 한계 내에서 권한을 행사하되 본래의 목적에 맞게 권한을 행사하는 것이 아니라 개인적·사적 이익을 추구하는 부적절한 동기, 즉 '부패한' 동기로 권한을 행사하는 것이다. 권력을 본래 정해진 목적이 아니라 이에서 벗어난 변질·타락한 동기로 사용하는 것이다. 이런 점에서 권력의 남용은 '권력의 부패' 문제라 할 수 있다.

닉슨 대통령이 중앙정보부를 통해서 연방수사국이 워터게이트 수사에서 손을 떼도록 압력을 가한 것은, 자신이 연루된 사건에 대한 수사를 방해하려는 부적절한(또는 부패한) 동기에서 비롯됐다는 점에서 대통령의 권력 남용이다. 아울러 민주당 대통령 후보 조지 맥거번 선거캠프의 직원이나 선거자금 기부자들 575명의 소득세 감사 관련 자료를 국세청IRS을 통해 입수하려 한 것 역시 자신의 재선을 위한 부적절한 (또는 부패한) 동기에서 비롯된 대통령의 권력 남용이다. 닉슨은 연방수사국FBI이나 대통령 경호실Secret Service을 통해 기자나 정부 관료들에 대한 감시와 사찰 활동도 했는데 이 역시 권력 남용으로 평가받고 있다. 대통령이 자신의 권력을 남용하여 휘하에 있는 연방수사국이나 대통령 경호실, 중앙정보부, 국세청 같은 국가기관을 동원하여 국민의 기본권을 침해하려고 했고 실제로 침해하기도 했다는 점에서 민주주의와 법의 지배를 토대로 하는 헌정질서에 대한 중대한 위협이고, 연방헌법의 기초자들이 대통령 탄핵의 근거로 생각한 '중대하고 위험한 위반행위'에 충분히 해당해 보인다. 대통령의 권력 남용 인정에 있어서 휘하에 있는 국가기관들을 동원했는지, 얼마나 동원했는지가 중요한 판단 요소가 될 수 있는 것이다.

닉슨은 인사권도 남용했다. 법무장관이 임명한 콕스 특별검사가 실체적 진실 발견을 위해 백악관 녹음테이프의 제출을 요구하자 오히려 특별검사의 해임을 지시했다. 법무장관이나 법무차관이 비록 대통령의 부하이기는 하지만 대통령 자신이 연루된 워터게이트 스캔들에 관한 진실 발견을 방해하기 위한 부패한 동기로 특별검사를 해임하라고 한 것 역시 권력 남용의 소지가 있다. 한편, 지금부터 반세기 전에 닉슨의 부당한 특별검사 해임을 거부한 법무장관 리처드슨과 법무차관 루켈하우스 같이 영혼 있는 고위공직자가 있었다는 사실은 미국에서 법의 지배가 제대로 작동하고, 대통령이나 정권에 봉사하는 것이 아니라 국가와 국민에게 봉사하는 공직자들이 살아 있음을 잘 보여주는 사례이다.

닉슨에 대한 탄핵소추장은 닉슨이 이런 행위들을 통해서 헌정을 파괴하고 법과 정의를 중대하게 침해했으며, 대통령으로서의 신뢰를 저버리고 국민에게 분명한 해악을 끼쳤다는 점을 모든 탄핵사유의 결론으로 제시했는데, 사실 닉슨 탄핵소추장의 이 두 가지는 2004년 노무현 대통령 탄핵 사건에서 헌법재판소가 대통령의 탄핵·파면을 위해 필요한 '중대성'의 두 가지 기준과 비슷하다. 흥미로운 지점이 아닐 수 없다. 헌법재판소가 노 대통령 탄핵 사건에서 대통령 탄핵의 기준으로, 탄핵이 헌법(질서)을 수호하는 제도라는 관점에서 대통령의 위반행위가 중대해야 하고, 대통령에 대한 국민의 신임을 임기 중 박탈해야 할 정도로 대통령이 국민 신임을 저버렸다는 의미에서 중대해야 한다는 두 가지 기준을 제시했기 때문이다. 특히 닉슨 탄핵소추장에서 대통령으로서의 신뢰를 저버렸다는 사유는, 헌법재판소가 대통령을 탄핵·파면할 만한 '중대한 위반행위'의 기준으로 언급한 '국민 신임을 저버렸다'라는 사유와 일맥상통한다.

닉슨 탄핵의 헌법적 의미는 대통령 권력을 남용하고 제왕적 대통령이 되고자 한 대통령을 의회가 정당하게 탄핵한 사건으로, 대통령 탄핵의 근거에 대한 미국 〈의회 사무국 보고서〉들 역시 닉슨 탄핵 사건을 대통령이 자신의 재선이라는 개인적 이익의 성취를 위해 대통령 권력을 사용하여 국가기관을 동원하고 국민의 기본권을 침해한 사건으로, 대통령 권력 남용의 대표적 사건으로 평가하고 있다. 또한 대통령의 권력 남용을 판단하는 기준(지표)으로 연방수사국FBI이나 중앙정보국CIA, 국세청IRS 같은 국가기관들(특히 권력 기관들)을 동원했는지, 국민의 기본권을 침해했는지가 중요한 잣대가 될 수 있음을 보여준다. 기본권 침해의 범위가 광범위하고extensive, 침해의 정도가 심각하다serious 면(기본권 침해의 광범성과 심각성), 그런 침해를 야기한 대통령의 위반행위offenses는 그것이 형사법 위반으로 처벌 대상이든 아니면 처벌 규정은 없는 헌법 원칙 위반(예컨대 대의민주주의 위반, 권력분립 원칙 위반 등)이든 당연히 '중대하다'라고 평가될 것이다. '중대重大하다'의 뜻이 가볍게 여길 수 없을 만큼 매우 중요하고 크다는 의미이므로 무겁거나 심각한serious 위반행위, 피해가 큰(광범위한) 위반행위는 중대한 위반행위로 평가될 수 있을 것이다.

5장
클린턴 대통령 탄핵

화이트워터 스캔들과 특별검사의 임명

1946년에 태어난 클린턴은 불우한 가정환경에서 성장했지만, 천부적인 정치적 재능을 발휘해 1978년 불과 32세 나이에 아칸소주 주지사에 당선됐다. 정치 인생을 화려하게 시작한 것이다. 클린턴 부부는 이때 고향 친구 맥두걸 부부와 함께 화이트워터 주식회사라는 부동산 회사를 설립하고 주말 주택 건설사업을 했지만 실패로 끝났다. 클린턴은 1980년 주지사 재선에서는 비록 낙선했지만, 1982년 선거에서는 승리하여 1992년 대통령 선거에서 승리할 때까지 장기간 아칸소주 주지사로 일했다.

클린턴은 1993년 1월 대통령에 취임했다. 〈뉴욕타임스〉는 클린턴이 주지사 시절 사업가 데이비드 헤일로 하여금 화이트워터의 동업자 맥두걸이 인수한 매디슨 저축은행에 자금을 지원해 주도록 압력을 행사했다는 의혹을 제기했다. 1994년 1월 법무장관 리노는 클린턴 대통령의 요청에 따라 화이트워터 관련 조사를 위해 로버트 피스크를 특별검사로 임명했다. 종전에 특별검사법이 없다가 새로 특별검사법이 제정되자 같은 해 8월 법원은 이 법에 따라서 연방항소법원 판사 출신의 공화당원 케네스 스타로 특별검사를 교체했다(김병호, 『탄핵으로 본 미국사』).

한편, 1994년 5월 아칸소 주 전직 공무원 폴라 존스는 클린턴이 주지사 시절 자신을 성희롱했다며 클린턴을 상대로 민사소송을 제기했다. 이 사건은 연방지방법원을 거쳐서 1996년 초 연방항소법원 판결까지 났다. 클린턴 측은 대통령 당선 전의 일로 인한 민사소송이 계속 진행되면 대통령직 수행에 큰 부담을 준다는 이유로 대통령 재직 중에는 재판이 진행되어서는 안 된다는 취지로 주장했으나 1997년 5월 연방대법원은 만장일치로 클린턴 대통령의 주장을 기각하고 재판의 계속 진행을 명했다. 그러자 클린턴은 1998년 11월 폴라 존스와 합의하고 사건을 끝냈다.

백악관 인턴 모니카 르윈스키 스캔들

1973년에 태어난 르윈스키는 백악관에서 인턴으로 일하던 중 1995년 11월부터 클린턴 대통령과 몇 차례 성적으로 접촉했다. 대통령과 지나치게 많은 시간을 보내는 것을 이상하게 생각한 르윈스키의 상관은 1996년 4월 르윈스키를 국무부로 전출시킨다. 국무부에서 일하던 린다 트립은 갑자기 다른 부서로 와서 침울해 있는 르윈스키와 친하게 지내면서 클린턴 대통령과 성관계가 있었다는 고백을 듣고 그런 고백이 담긴 전화 통화를 몰래 녹음했다.

한편 폴라 존스가 클린턴을 상대로 제기한 민사소송이 진행되면서 존스를 대리하는 변호사가 클린턴의 여성 편력을 조사하던 중 클린턴과 르윈스키 간의 성 추문 사실을 알게 됐다. 린다 트립이 존스의 변호사에게 알려준 것이다. 1998년 1월에는 케네스 스타 특별검사실에도 트립과 르윈스키의 통화 녹음 테이프가 건네졌다. 존스의 변호사는 클린턴의 여성 편력을 입증하기 위해 르윈스키를 증인으로 요청했다. 이 사실을 전해 들은 클린턴 대통령은 르윈스키에게 자신과의 성관계를 언급하지 않도록 부탁했고, 르윈스키는 1998년 1월 7일 선서진술서에서 클린턴과의 관계를 부인했다. 당시 르윈스키가 대통령과의 성관계 사실을 린다 트립에게 털어

놓은 것이 녹음됐다는 사실을 몰랐기 때문이다. 1998년 1월 17일 클린턴 대통령은 백악관을 방문한 존스의 변호사 앞에서 진술했는데, 존스의 변호사가 클린턴 대통령에게 르윈스키와 관계가 어떻게 되냐고 묻자 당황한 나머지 그녀와의 관계를 부인해 버렸다. 그러나 린다 트립에게 클린턴과의 성관계를 고백하고 녹음까지 당한 것을 알게 된 르윈스키는 자신이 위증한 것에 대한 면책을 받으려고 클린턴과의 성관계 사실을 결국 털어놓았다(조지형,『탄핵, 감시 권력인가 정치적 무기인가』).

르윈스키와의 관계를 부인해서 위증한 셈이 된 클린턴은 1998년 8월 17일 스타 특별검사의 요청으로 마련된 연방대배심 신문에서 르윈스키와 부적절하고 친밀한 접촉inappropriate intimate contact이 있었음은 인정했지만 성관계는 없었다고 진술했다. 클린턴은 당일 전국적으로 방영된 TV 방송에서도 르윈스키와 '부적절한 관계'가 있었음을 인정하고 '국민과 아내 힐러리 클린턴을 오도했던 것'에 대해 사과했다.

스타의 특검 보고서와 공화당의 탄핵 추진

1998년 9월 9일 스타 특별검사는 장문의 특검 보고서와 서류 상자들을 하원에 보내면서 클린턴 대통령이 탄핵

될 수 있는 행위를 11개 항목으로 나열했다. 하원이 표결을 통해 특검 보고서를 공개하기로 결의하면서 이 특검 보고서가 공개됐다. 특검 보고서는 클린턴이 르윈스키와 성관계한 것이 맞고 그런 사실을 숨기기 위해 위증했으며 르윈스키에게 성관계 사실을 숨기도록 조언하여 사법 정의의 실현을 방해했다는 것을 요지로 하면서 성관계 사실 등을 아주 디테일하게 기술했다(김병호, 『탄핵으로 본 미국사』).

1998년 10월 8일 미국 하원은 클린턴 대통령에 대한 탄핵 조사의 개시를 찬성 258표, 반대 176표로 가결했고, 하원은 별도의 탄핵 조사 없이 특별검사의 보고서를 바탕으로 대통령 탄핵 절차를 진행하기로 했다. 불과 한 달 뒤 11월 3일 미국 의회 중간 선거가 예정된 상황에서 스타 특별검사가 선거 직전에 대통령과 민주당에 타격을 주는 특검 보고서를 제출하고 공화당 주도 하원이 이를 공개하여 대통령에 대한 탄핵 조사를 시작한 것은, 상당히 정치적이라는 평가를 받았다. 당시 하원은 공화당 의석이 민주당 의석에 비해 16석 정도 많았는데 11월 3일 미국 선거 역사상 처음으로 여당인 민주당이 중간 선거에서 하원 의석을 늘리는 이변이 일어났다.

중간 선거 뒤 하원 법사위원회는 역사상 처음으로 대통령 탄핵 절차에서 헌법학자들을 참석시켜 전문가 의견을 듣기로 했다. 1998년 11월 9일 탄핵에 찬성하는 공화당 측 학자들과 탄핵에 반대하는 민주당 측 학자들의 참석하에 의견을 청취했다. 스무 명 가까운 헌법 전문가가 참여했는데, 유일하게 쌍방의 요청으로 참여한 마이클 게르하르트는 당시 논의를 다음과 같이 정리했다(마이클 게르하르트, 『대통령 탄핵의 법』).

공화당 측의 주장은 다음과 같았다. 먼저 미국 헌법상 탄핵 사유는 대통령 탄핵이나 법관 탄핵이나 동일한데 선서 후 위증했다는 것이 탄핵사유로 인정된 1988년 헤이스팅스 판사 탄핵 사건과 1989년 월터 닉슨 판사 탄핵 사건의 선례는 클린턴 대통령 탄핵 사건에도 적용되어야 한다. 다음으로 연방헌법의 기초자들은 위증과 사법 방해를 심각하게 취급했고 연방법도 범죄로 규정하고 있다.

이에 대한 민주당 측의 주장은 다음과 같았다. 첫째로, 연방헌법상 탄핵사유인 '반역죄, 뇌물죄, 그 밖의 중대한 범죄와 비행'에서 '중대한 범죄와 비행'은 앞에 있는 반역(죄)이나 뇌물(죄)과 비슷한 정도로 심각한 행위여야 하는데 클린턴의 문제 된 비행은 그런 정도로 심각한 비행이 아니다. 연방헌법의 기초자들이 염두에 두었던 대통령 탄핵의 사유는 '중대한 위반행위'이거나 권력을 심각하게 남용한 비행이기 때문이다. 둘째로, 대통령 탄핵사유가 될 만한 비행은 대통령의 직무와 관련성이 있는 비행이라야 하는데 클린턴이 거짓말했다는 것은 대통령 직무와 아무런 상관이 없다. 민주당 측

의 전문가 증인으로 나온 하버드 로스쿨 캐스 선스타인 교수
가 미국 헌법상 대통령 탄핵은 대통령이 대통령 직무에 따른
권한을 심각하게 또는 광범위하게 남용하는 경우 탄핵사유
가 되는 것이라고 주장한 것이 대표적이다. 셋째로, 연방 법
관에 대한 탄핵과 비교해 볼 때 대통령 탄핵은 그 기준이 높
아야 한다. 판사가 선서하고 위증하는 것은 판사가 판사직을
유지함에 있어서 도덕적 권위를 상실하게 만들 사유가 되지
만, 대통령의 경우에는 그런 도덕적 결함은 이미 두 번의 대
통령 선거(1992년과 1996년)를 통해 유권자들에게 알려지고 심
판을 받은 것이므로 대통령직 유지에 있어서 영향을 주는 사
유는 아니다. 넷째로, 클린턴의 비행은 닉슨 대통령의 비행과
는 전혀 다르다. 닉슨 대통령의 경우에는 자신의 정적을 괴롭
힐 목적이나 워터게이트 스캔들을 은폐할 목적으로 자신의
휘하에 있는 공무원을 동원하는 등 대통령의 고유한 권한을
남용한 경우이지만, 클린턴 대통령의 경우에는 대통령직을
이용했다는 요소가 없고 개인적 일탈 차원의 비행일 뿐이다.

클린턴에 대한 탄핵소추

하원 법사위원회는 1998년 12월 10일 4개 항목으로

된 클린턴 대통령에 대한 탄핵소추장을 제안했다. 이에 같은 해 12월 19일 하원은 전체 회의에서 표결을 통해 대배심 앞 위증과 사법 방해 혐의를 탄핵사유로 채택했다. 위증 혐의가 찬성 228표, 반대 206표였고, 사법 방해 혐의가 찬성 221표, 반대 212표였다. 하원의원들이 위증 혐의를 보다 탄핵 가능성이 높은 무거운 혐의로 본 것이다. 폴라 존스 민사소송에서 위증했다는 혐의는 찬성 205표, 반대 229표로 부결됐다. 마지막으로 주목할 것은 클린턴의 권력 남용 수사 방해 혐의, 즉 클린턴이 대통령 권력을 남용하여 자신과 르윈스키 간의 관계를 밝히려는 수사를 방해했다는 혐의는 찬성 148표, 반대 285표로 압도적으로 부결됐다는 점이다. 공화당, 민주당이라는 당적을 떠나서 하원의원들 다수가 클린턴이 대통령 권력을 남용했다는 점에 대해서는 동의하지 않은 셈이다.

탄핵사유 1항 위증은, 클린턴 대통령이 1998년 8월 17일 연방대배심 앞에서 진실만을 말하기로 선서한 뒤 (1) 자신과 연방정부 인턴(르윈스키)이 어떤 관계인지 그 성격과 세부적인 내용에 대해 위증했다는 점, (2) 이전에 자신을 상대로 제기되었던 민사소송에서 허위 진술(위증)했다는 점, (3) 해당 소송에서 자신의 변호사들이 허위 진술하도록 허용했다는 점, (4) 증인의 진술에 부당하게 영향을 주어 민사소송에서 증거의 개시를 저해했다는 점이다. 이를 통해 대통령직의 순수성integrity에 손상을 가하고 불명예를 초래했을 뿐만 아니라, 대통령으로서의 신뢰를 저버렸고 법과 정의를 전복하는 방법으로 행위했으며, 미국 국민에게 분명한 해악을 끼쳤다.

탄핵사유 2항 사법 방해는, 대통령이 개인적으로, 그리고 그의 측근 보좌진 등을 통해서 증인들에게 영향력을 행사하여 위증하게 하거나 허위 또는 진실을 호도하는 진술을 하는 등의 방법으로 자신을 상대로 제기된 민사소송과 관련된 증거와 증언이 드러나는 것을 지연시키고 방해하고 은폐했다는 것이다. 이를 통해 대통령직의 순수성에 손상을 가하고 불명예를 초래했을 뿐만 아니라, 대통령으로서의 신뢰를 저버렸고 법과 정의를 전복하는 방법으로 행위했으며, 미국 국민에게 분명한 해악을 끼쳤다.

상원의 탄핵재판

클린턴 대통령에 대한 상원의 탄핵재판은 1999년 1월 7일 시작됐고 2월 12일 종료됐다. 대법원장 윌리엄 랜퀴스트가 탄핵재판을 주재했다. 재판 진행 과정을 보면, 먼저 탄핵을 소추한 하원 측과 방어하는 대통령 측에서 이 사건에 대한 쌍방의 입장에 대해 먼저 변론하고 증인 소환 문제로 토론했다. 증인을 부르려는 공화당과 이에 반대하는 민주당의 의견이 좁혀지지 않았고, 결국 르윈스키와 클린턴의 참모인 버논 조던, 시드니 블루멘탈에 대해 비디오 녹화방식으로 증언을 청취하기로 했다. 탄핵재판은 2월 8일 양측의 마지막 변론을 들은 뒤 2월 12일 대통령의 파면 여부에 대한 표결로 종료됐다.

클린턴의 변호인단은 대통령이 입법부에 종속되면 안 되고 독립적이어야 한다는 권력분립 원칙에 비추어 볼 때, 대통령 탄핵의 기준은 법관 등 다른 탄핵 대상보다 당연히 높고 반역죄나 뇌물죄 같은 중범죄를 포함하여 권력의 오·남용 등 대통령의 책임과 의무에 반하는 중대한 위반행위만이 탄핵의 사유가 된다고 하면서, 대통령 탄핵사유로서의 '중대한 범죄와 비행'은 대통령의 직무와 관련된 공적인 잘못public wrong을 의미하는 것이지 직무와 관련이 없는 사생활상의 잘못private wrong을 의미하는 것은 아니라고 주장했다. 변호인단은 주장을 뒷받침하는 근거로, 1974년 닉슨 탄핵 사건에서 닉슨이 허위로 소득세 신고 했다는 탄핵의 사유는 하원 법사위원회 표결 단계에서 부결됐다는 점, 그리고 430명에 이르는 법학자들이 클린턴 대통령의 행위는 사생활과 관련된 개인적인 일로, 대통령을 임기 중 파면할 정도로 중대한 위반이 아니라는 의견서를 하원에 보낸 점 등을 들었다(김병호, 『탄핵으로 본 미국사』).

대통령 탄핵의 사유 중 사법 방해는 닉슨 대통령 탄핵 사
건에서도 탄핵의 사유이기는 했지만, 위증이 대통령을 탄핵
하고 파면까지 할 사유가 되는지는 선례가 없어서 논란이 됐
다. 연방 법관 탄핵의 경우에는 위증을 사유로 파면까지 된
사례가 있었지만, 연방 법관은 대통령처럼 정해진 임기도 없
고 종신제로 일하는 것이고 다만 '부적절하게 행동하지 않는
한during good behavior' 법관직을 유지하기 때문이다. 위증은 법관
이 부적절하게 행동한 경우이므로 법관직에서 파면할 사유
가 되겠지만, 대통령의 경우는 종신제도 아니고 4년 임기제
인데 반역죄나 뇌물죄면 몰라도 위증죄의 경우 파면 사유가
되느냐는 문제 제기였다.

이런 이유로 클린턴 탄핵재판에서 탄핵사유로서의 위증은,
그것이 대통령을 파면할 만큼 '중대한' 사유인지가 주요 쟁
점이 됐다. 파면을 주장하는 측에서는, 클린턴의 위증은 단
순히 거짓말을 했다는 것이 문제가 아니라 진실 발견을 추구
하는 사법제도에서 위증은 뇌물죄와 별반 다르지 않은 중대
한 범죄라고 주장했다. 그러나 연방헌법상 탄핵의 사유로 명
시된 반역죄의 법정형이 사형이나 무기징역형이고 뇌물죄가
15년 이하의 징역형인데 비해 위증죄는 5년 이하의 징역형
이어서 위증을 뇌물죄와 같은 급의 중대한 범죄로 보기는 어

렵다는 반론이 제기됐다(조지형, 『탄핵, 감시 권력인가 정치적 무기인가』).

1999년 2월 12일 상원은 클린턴 탄핵재판을 마치면서 파면 여부에 대한 표결에 들어갔다. 탄핵사유 1항 위증 혐의에 대해 유죄 45표, 무죄 55표였고, 탄핵사유 2항 사법 방해 혐의에 대해 유죄 50표, 무죄 50표로 2개 항목의 탄핵소추 모두 부결됐다. 상원의원들이 대통령 탄핵의 사유로 위증을 사법 방해보다 가벼운 것으로 판단한 셈이다.

클린턴 탄핵의 의미

클린턴 대통령에 대한 탄핵재판이 끝난 뒤 72명의 상원의원이 탄핵 사건 표결에 대한 자신의 입장을 밝혔다. 대부분 의원들이 르윈스키와 관련된 클린턴의 비행을 잘못된 일로 평가했지만 30여 명에 가까운 상원의원들은 클린턴의 비행이 미국 연방헌법 기초자들이 대통령 탄핵의 사유로 예정했던 비행의 수준에는 이르지 못한 것으로 평가했다. 당시 미국인들의 여론조사 결과 역시 76%가 클린턴의 문제 된 행위는 헌법상 대통령 탄핵의 근거가 될 수 없는, 그야말로 개인적인 비행에 지나지 않는다고 평가했다(마이클 게르하르트,『대통령 탄핵의 법』).

미국 연방항소법원 판사이자 법경제학자로 유명한 리처드 포스너는 클린턴 탄핵 사건을 중심으로 쓴 책에서, 클린턴 대통령 탄핵을 정치적 탄핵으로 보는 견해가 많다고 하면서 1998년 11월 9일 하원 법사위원회 전문가 증언에서 캐스 선스타인 교수가 대통령의 위증이 탄핵·파면의 근거가 되려면 그 자체로 대통령 권력의 남용에 해당한다는 심각한 문제제기가 있는 경우라야 한다는 주장을 인용했다(리처드 포스너, 『An affair of state』).

선스타인 교수 역시 2019년 쓴 책에서, 연방헌법의 기초자들이 생각했던 대통령 탄핵은 공적인 권한의 심각한 남용의 경우에 발동되는 것이고, 본질적으로 사적인private 성질의 행위에 대해 헌법의 기초자들이 탄핵할 것을 염두에 둔 것은 아니라고 설명했다. 대통령의 직무수행이라는 공적인 성질이 없고 본질적으로 사적인 비행은 대통령을 탄핵·파면할 만큼 심각한serious 행위로 볼 수 없기 때문이라는 것이다. 선스타인은, 연방헌법을 기초하고『연방주의자 논설』을 쓴 알렉산더 해밀턴이 탄핵의 근거에 대해 그 성질상 '정치적'으로 분류되는 비행으로서 사회에 즉각적으로 초래될 해악에 주로 관련되기 때문이라고 한 점, '중대한 범죄와 비행'이란 탄핵의 사유에는 원래 '미국에 대한'이란 제한 문구가 붙어 있었다는 점 등을 거론하면서 대통령이 대통령직에 있으면서 공공(국민)의 신뢰를 심각하게 손상시킨 경우라야 탄핵과 파면의 근거가 된다고 주장했다(캐스 선스타인, 『탄핵』).

리처드 포스너 역시 430명의 법학자들이 하원 법사위원회에 클린턴 대통령의 행위는 대통령을 탄핵·파면할 사유에 해당하지 않는다는 의견서에 서명한 사실을 거론하고, 닉슨 탄핵 사건과 비교할 때 클린턴이 저지른 비행 정도로는 현직 대통령을 파면할 일은 아니라고 했다. 하원의 결의로 대통령을 견책하는 정도가 적당하다고 제안했다. 포스너는 다만 도덕이 순수하게 개인적 차원에 그치는 것이 아니라 '공적인 도덕'도 있다면서 대통령이 도덕적으로 모범이 될 것을 바라는 국민이 많다는 점을 지적했다(리처드 포스너, 『An affair of state』).

2024년 11월 대통령 탄핵에 관한 책을 쓴 예일대 로스쿨 키이스 휘팅턴Keith Whittington 교수 역시 클린턴 대통령 탄핵에 대해 의회의 탄핵권이라는 강력한 헌법적 무기를 사적인 스캔들 같은 사건에 쓴 경우로 평가했다. 공화당에서는 클린턴이 선서한 뒤 위증한 사건이라는 점을 강조하면서 중대한 사건이라고 하지만, 그것은 법 기술적인 측면에서 그렇다는 것뿐이라고 지적하면서 클린턴 탄핵의 헌법적 가치나 의미에 대해 논하는 사람도 거의 없다고 지적했다(키이스 휘팅턴,

『탄핵권』).

클린턴에 대한 탄핵소추가 상원의 탄핵재판을 통해 기각된 가장 중요한 이유로 클린턴의 안정적 국정 수행이나 지지율을 드는 사람이 많다. 클린턴이 대통령으로 재임했던 1993년부터 2001년은 미국이 경제적으로 가장 풍요를 누렸던 시기 중 하나였다. 클린턴은 성공한 경제정책으로 3,000만 개의 일자리를 창출하고 3,500억 달러 상당의 국가부채도 상환하는 등 유능한 지도자의 면모를 보였고 국정 수행에 있어서 압도적 국민 지지를 받았다는 것이다. 그러나 이런 유능한 클린턴이었지만, 클린턴 탄핵 사건을 계기로 나이 어린 인턴과의 성 추문이 국민 앞에 낱낱이 드러나고 전국으로 생중계된 TV에서 대통령이 거짓말까지 한 사실이 드러남으로써 대통령으로서의 도덕적 권위를 상실했고 이후 국정 지도력은 현저하게 떨어졌다는 평가이다.

마지막으로 클린턴 탄핵의 의미로 거론할 수 있는 것은 대통령의 거짓말이다. 국정의 최고 책임자인 대통령의 경우 대통령의 헌법위반이나 법률위반이라는 위반행위가 탄핵의 근거로 문제 될 때 대부분 대통령의 언행, 즉 말이 문제 되는 경우가 많다. 대통령의 말이 중요한 것은 국정의 최고 책임자인 대통령이 직무를 수행함에 있어서는 직접 행동으로 하는 경우보다는 지시하거나 요청하거나 권유하는 등 말로써 하는 경우가 많기 때문이다.

대통령의 거짓말은, 1) 대통령이 어쩌다가 일회적으로 거짓말하는 것이 아니라 반복적으로 거짓말을 하는 경우, 2) 대통령실이나 국무회의 같은 정부 내부에서 거짓말을 하는 것이 아니라 국민 앞에서 생중계되는 TV 앞에서 직접 국민을 상대로 거짓말을 하는 경우, 3) 대통령이 해명하는 과정이나 자기방어적 상황에서 수세적으로 거짓말을 해서 대통령의 거짓말 내용이나 거짓말을 한 상황에 대해 어느 정도 이해가 가능한 경우가 아니라, 그럴 만한 상황도 아닌데 지지층 결집이나 본인에게 유리한 국면을 조성하기 위해 먼저 나서서 적극적·공세적으로 거짓말을 지어서 하는 경우, 4) 대통령이 착각할 수도 있는 사소한 점에 대해 결과적으로 거짓말한 셈이 되는 것이 아니라 착각하거나 잘못 알기도 어려운 사항, 그것도 중요한 점에 대해 의도적인 거짓말을 하는 경우, 5) 거짓말의 정도가 사실과 약간 다른 정도가 아니라 사실(진실)과 완전히 다른 새빨간 거짓말을 지어서 하는 경우 등 여러 경우가 있을 수 있다. 이 경우 '아니라' 앞이 아니라 뒤의 경우라면, 즉 대통령이 직접 국민 앞에서 사실과 완전히 다른 거짓말을 반복하는 경우 등에는 큰 문제가 될 수 있다.

물론 대통령이 이런 식으로 거짓말한다고 형사상 범죄가 성립하는 것도 아니고 그 자체로 헌법위반이나 법률위반으로 평가하기 어려운 경우가 많을 것이다. 그러나 대통령이라는 최고의 공직public office은 국민의 신뢰 위에 존재하는 것이므로 국민의 신뢰라는 토대가 손상되고 무너진다면, 그래서 국민이 최고 지도자 대통령의 말을 전혀 신뢰할 수 없는 상태가 된다면 큰 문제이다. 예를 들어서 대통령이 여러 차례 거짓말을 반복하면서 뻔한 것을 대놓고 거짓말하고, 사소한 점에 관해서가 아니라 중요한 점에 관해서 사실과 완전히 다른 거짓말을 의도적으로 반복한 것이 쌓여서 대통령이 입만 열면 거짓말한다고 국민이 판단하고 도저히 대통령의 말을 못 믿겠다는 정도가 된다면, 대통령의 국정 수행 지지도가 추락하고 정상적인 국정 수행도 어려울 뿐만 아니라 이런 상황에서 의회(국회)에서 대통령에 대한 탄핵소추가 발의된다면 대통령이 그동안에 국민이 준 신뢰(신임)를 배반했다는 '실질적 탄핵사유'가 작용하여 대통령을 그 자리에서 끌어내릴 수도 있을 것이다.

클린턴 대통령 탄핵 사건에서 탄핵의 요지는, 대통령이 백악관 인턴 르윈스키와의 관계를 부인하고 성접촉 사실 자체도 부인함으로써 연방대배심 앞에서, 그리고 국민 앞에서 거짓말을 했다는 것인데, 이런 거짓말은 대통령이 난처한 상황에 처해 자신을 해명하는 과정에서 자기방어적, 수세적으로 거짓말을 한 경우로서 대통령의 거짓말 내용이나 거짓말한 상황에 대해 국민이 어느 정도 이해가 가능한 상황이었다. 게다가 당시 미국의 경제 상황이나 대통령의 국정 수행도 좋은 평가를 받고 있어서 미국 국민 다수는 클린턴 대통령의 파면보다는 계속 재직을 압도적으로 지지했다. 이런 점들이 탄핵 사건에서 클린턴에게 유리하게 작용했을 것이다.

6장
트럼프 대통령 탄핵

2016년 미국 대통령 선거와 트럼프의 당선

　　도널드 트럼프는 1946년 뉴욕 퀸스에서 부동산 개발업자의 아들로 태어났다. 1971년 20대 중반에 아버지 소유의 부동산 개발업체를 이어받은 뒤 1980년대 뉴욕 맨해튼에서 하얏트Hyatt 호텔을 오픈하는 등으로 사업을 확장했다. 이후 미국은 물론이고 세계 각지에 호텔, 카지노, 골프장 등을 지으며 부동산 재벌이 됐다. 트럼프는 2004년부터는 〈견습생The Apprentice〉이란 자신의 TV쇼를 진행하며 "당신은 해고야!YOU'RE FIRED!"라는 유행어를 남기며 전국적인 명성도 얻었다.

정치에는 별로 관여하지 않던 트럼프는, 2015년 6월 중순 전격적으로 대선 출마를 선언했다. 정치 신인 트럼프의 대선 출마는 의외였고 당시에는 정치적으로 큰 주목을 받지 못했다. 그러나 트럼프는 막상 공화당 대선 후보 경선이 시작되자 직설적인 언행으로 공화당원들의 관심을 끌었고 2016년 7월 공화당 전당대회에서 대통령 후보 타이틀을 거머쥔다. '미국을 다시 위대하게Make America Great Again'란 구호를 내세우며 선거운동에 매진했다.

　　당시 전국적 여론조사에서는 민주당 대통령 후보 힐러리 클린턴에게 뒤지는 결과들이 많이 나왔지만 2016년 11월 초 대선 투표 결과는 트럼프의 승리였다. 비록 힐러리가 전국적 유권자 득표에서는 더 많은 표를 얻었지만 각 주에서 이긴 후보가 주의 선거인단을 모두 가져가는 승자독식 규칙에 따라 30개 주의 선거인단을 확보한 트럼프가 승리한 것이다. 트럼프는 2017년 1월 20일 제45대 미국 대통령으로 취임했다.

러시아의 미국 대통령 선거 개입과 특별검사의 수사

　　2016년 11월 미국 대선 관련해서는, 러시아가 대선 전부터 개입한다는 의혹들이 제기됐다. 러시아가 공화당 트럼프 후보의 당선과 민주당 힐러리 후보의 낙선을 위해 사이버 공격이나 SNS를 이용하여 일종의 여론 공작 또는 선거 방해를 한다는 내용의 의혹이었다. 대선 후에도 러시아의 개입 의혹은 잦아들지 않았고, 미국 상원 정보위원회를 비롯한 의회 위원회들은 2017년 초부터 러시아의 대선 개입 의혹에 대한 조사 활동을 시작했다. 연방수사국FBI 역시 대선 전부터 러시아의 대선 개입 의혹을 수사 중이었다. 트럼프는 취임 직후 2017년 2월 제임스 코미 연방수사국 국장을 불러 연방수사국의 수사를 끝내라고 압력을 넣었으나 코미 국장은 이에 따르지 않았다. 그러자 트럼프는 2017년 5월 9일 코미를 해임했다(김병호, 『탄핵으로 본 미국사』).

코미의 해임 후 미국 의회는 트럼프에게 러시아의 대선 개입 의혹을 수사하도록 계속 압력을 넣었고, 결국 2017년 5월 17일 로버트 뮬러가 특별검사로 임명되어 연방수사국의 수사를 이어받았다. 뮬러 특검은 2017년 5월부터 2019년 3월까지 러시아가 미국 대선에 개입했는지와 트럼프 선거캠프와 러시아 사이에 연관성이 있는지, 그리고 트럼프가 대선 개입 조사 활동을 방해했는지의 3가지를 수사 사항으로 했다.

뮬러 특검은 2019년 3월 수사를 종료하면서 법무장관에게 두 권의 특검 보고서를 제출했는데 특검 보고서의 주요 내용은 다음과 같다.

묠러 특검은, 러시아 정부가 2016년 미국 대선에 조직적으로 광범위하게 개입한 것은 맞고, 연방 형법 위반 사안이라고 했다. 특검은 러시아 인터넷 회사IRA와 군사 정보 회사GRU 소속의 해커들이 민주당 대선 후보 힐러리 클린턴 캠프에 타격을 가하는 공작을 했고, 이 기간 러시아 정부 인사들과 트럼프 대선 캠프 인사들 사이에 접촉이 있었다고 밝혔다. 그러나 연방 형법으로 기소할 만큼의 충분한 증거 수집은 하지 못했음을 인정했다. 일부 트럼프 선거캠프 인사들이 특검 사무실과 의회를 상대로 러시아 측과의 접촉에 대해 허위 진술한 사실을 발견하고, 이에 대해 연방법 위반으로 기소한 정도였다고 밝혔다.

요컨대 묠러 특검은 2년의 수사를 통해 러시아가 2016년 대선에 개입한 점은 확인했지만, 트럼프나 트럼프 선거캠프 인사와 러시아와의 연관성을 기소할 만큼 밝히는 데에는 실패했다. 이에 따라 트럼프가 2016년 미국 대선에 러시아라는 외국 세력을 끌어들였음을 전제로 하는 대통령 탄핵 주장은 힘을 잃게 됐다.

트럼프 대통령의 우크라이나 스캔들

그런데 뮬러 특검이 이렇게 별다른 성과 없이 종료된 뒤 트럼프 대통령을 상대로 또 다른 의혹이 제기됐다. 트럼프 대통령이 2020년 미국 대선에 우크라이나를 개입시키려 했다는 국가정보국ODNI 내부고발자의 폭로가 2019년 9월 나온 것이다. 내부고발 내용은, 트럼프가 우크라이나 젤렌스키 대통령에게 전화하여 민주당 전국 위원회DNC와 조 바이든 민주당 대선 후보와 그 아들 헌터 바이든 부자에 대한 수사를 진행하라고 압박하면서 정식 외교라인도 아닌 트럼프의 개인 변호사 루돌프 줄리아니를 우크라이나에 보낼 테니 줄리아니와 앞으로의 진행 방안 등을 논의하라고 종용했다는 것, 그리고 바이든 부자에 대한 우크라이나 당국의 수사를 압박할 목적으로 약 4억 달러 상당의 군사 지원금의 지급을 유예했다는 것이었다.

이는 국가정보국의 내부고발 문서를 통해 이루어졌다. 이 사실이 공개되자 하원 정보위원회는 2019년 9월 중순 국가정보국에 내부고발 문서를 제출하라는 명령subpoena을 보냈고, 조셉 맥과이어 국장 대행에게 청문회 출석을 요청했다. 그러나 내부고발 문서는 국가정보국의 문서 제출이 아니라 다른 방식으로 입수됐고, 맥과이어 국장 대행은 출석을 미루다가

2019년 9월 말이 되어서야 정보위원회에 출석해 증언했다. 백악관은 맥과이어의 증언 전날 트럼프와 젤렌스키 사이의 통화 내용을 선제적으로 공개했다. 공개된 내용은 통화 내용 자체가 아니라 통화 내용을 녹취했다는 편집된 메모였다.

그러자 2019년 9월 24일 펠로시 하원의장은 하원의 6개 위원회에서 트럼프에 대한 탄핵 조사를 시작할 것을 발표했다. 탄핵 조사를 통해 밝혀진 2019년 7월 25일 트럼프 대통령과 젤렌스키 우크라이나 대통령 간의 통화 내용은, 트럼프가 젤렌스키에게 조 바이든과 그 아들 헌터 바이든의 이름을 직접 거명하면서 우크라이나 당국이 이들에 대해 수사해 주었으면 한다는 요청을 했다는 것이다.

미국 의회의 탄핵 조사

2019년 10월과 11월에 열린 미국 의회의 공개 청문회에는 국가안보위 빈드먼 국장, 펜스 부통령의 안보 보좌관 윌리엄스, 국가안보위 전 국장 모리슨, 우크라이나 전 특사 볼커, 그리고 우크라이나 전 대사 요바노비치, 국가안보위 국장 피오나 힐, 국무부 우크라이나 담당 조지 켄트, 미국의 EU 대사 손드랜드 등이 나와서 증언했다.

이들 중 빈드먼과 윌리엄스는 트럼프와 젤렌스키 간의 2019년 7월 25일 통화를 옆에서 들은 사람들이었다. 그들은 "미국 대통령이 외국 대통령에게 미국 시민을 수사해 달라고 요청하는 것은 옳지 않다고 생각했다."라거나 "상당히 이례적이고 부적절하다는 생각이 들었다."라고 증언했다. 다른 증인들 역시 바이든 부자에 대한 트럼프의 수사 요청이 미국의 국가안보나 다른 정책적 고려에서 시작된 것이 아니고, 트럼프 대통령이 젤렌스키에게 바이든 부자 수사와 관련하여 트럼프의 개인 변호사 줄리아니 전 뉴욕 시장과 상의하라고 한 것 역시 상당히 부적절했으며, 트럼프가 우크라이나 정부에 바이든 부자 수사를 압박하기 위해 4억 달러 상당의 군사 지원금의 지급을 유예한 것이 맞고, 우크라이나 정부가 바이든 부자에 대한 수사를 공식적으로 발표하는 대가로 젤렌스키 대통령의 백악관 방문이 추진됐다는 취지로 증언했다(김병호, 『탄핵으로 본 미국사』).

하원의 탄핵소추

하원 정보위원회는 2019년 12월 3일 그동안의 탄핵 조사를 마무리하는 최종 보고서를 채택하여 법사위원회로 송부했다. 결론은 트럼프가 자신의 재선을 위해 가장 부담되는 정적 바이든에 대한 수사를 우크라이나 정부에 요청함으로써 미국 대선에 외세를 끌어들이려 한 것은 미국의 외교 정책을 전복시키고 국가안보에 해를 끼친다는 것이었다.

정보위원회 보고서를 받은 하원 법사위원회는 신속한 절차 진행을 위해 2019년 12월 4일 공화당과 민주당 추천 헌법학자 4명을 불러서 전문가 의견을 청취하는 청문회를 개최했다. 이날 출석한 학자 중 노스캐롤라이나대 법학 교수 마이클 게르하르트는 2024년 1월 출간한 책에서 당시 전문가들의 의견을 다음과 같이 정리했다. 먼저 대통령 탄핵이 가능한 위반행위가 반드시 형사 기소가 가능한 범죄에 국한되는 것은 아니라는 점에 대해 헌법학자들의 의견이 일치했다. 그러나 하원 정보위원회의 보고서에 기록된 사실관계와 증거관계를 기초로 할 때 트럼프 대통령의 탄핵·파면이 가능한지에 대해서는 충분히 가능하다는 의견(3명)도 있었지만 가능하지 않다는 의견(1명)도 있었다(마이클 게르하르트, 『대통령 탄핵의 법』).

이날 하버드 로스쿨 교수 노아 펠트먼Noah Feldman은 준비된 요지문을 가지고 증언했다. 그는 고위공직자가 공익을 위한 목적이 아니라 자신의 개인적 이익을 위해 공직을 이용하는 것이 공직의 남용abuse of office인데 대통령의 경우 연방헌법의 기초자들이 특히 우려하고 탄핵사유로 삼고자 했던 것은 대통령이 뇌물을 받아서 챙긴다는 것보다는 대통령으로 재선되기 위해 부정한 방법을 써서 무슨 일이라도 하려 하지 않을까 하는 점이었음을 강조했다. 현직 대통령이 재선을 목적으로 선거 결과가 자신에게 유리하게 나올 수 있도록 왜곡하기 위해 자신의 대통령직을 부정하게 사용할 수 있다는 우려 때문에 연방헌법의 기초자들이 헌법에 '중대한 범죄와 비행'을 마지막에 탄핵사유로 추가했다는 것이다.

조지워싱턴대 조나단 털리Jonathan Turley 교수 역시 준비된 요지문을 가지고 증언했다. 그는 이 사건에서 트럼프가 우크라이나에 대한 군사 지원금의 지원 등을 우크라이나 정부의 바이든 부자에 대한 수사와 대가관계로 삼았다는 점에 대해서, 이를 입증할 만한 충분한 증거가 부족하여 형사법상 뇌물 혐의이든 헌법상 권력 남용이든 트럼프를 탄핵·파면할 사유로 충분하지 않다고 말했다.

한편 하원 법사위원회는 트럼프에게도 청문회 참석을 요청하였으나, 트럼프는 이를 거부하고 자신을 탄핵하려면 빨리 진행해서 상원에서 공정한 심판을 받도록 하라는 반응을 보였다.

트럼프 대통령 탄핵사유

트럼프가 의회 청문회에 출석하거나 변론할 의사가 없음을 확인한 하원 법사위원회는 2019년 12월 13일 다음 2가지 사항을 탄핵의 사유로 삼았다. 찬성 23표, 반대 17표로 탄핵소추 안건이 법사위를 통과했다. 하원 전체회의는 12월 18일 표결에 들어가서 탄핵사유 1항에 대해서는 찬성 230표, 반대 197표, 2항에 대해서는 찬성 228표, 반대 198표로 트럼프 탄핵소추를 가결했다.

트럼프 탄핵사유 1항은 권력 남용이다. 트럼프가 대통령직이라는 중요 공직high office에 따른 권한을 이용하여 2020년 미국 대선에 우크라이나 정부라는 외국 정부의 개입을 끌어들이는 행위를 했다는 것이다. 이를 위해 우크라이나 정부가 그의 재선에 득이 되고 정적의 재선 전망을 어둡게 하는 수사 결과를 발표하도록 유도하고, 우크라이나에 대한 원조라는 공식적 행위를 우크라이나 정부의 수사 결과 발표에 조건 지음으로써 우크라이나 정부에 대한 압박을 시도했다는 것, 그리고 자신의 정치적 이득을 위해 미국의 국가안보를 저해하거나 미국의 민주적 절차의 순수성integrity에 손상을 가하는 방법으로 대통령의 권한을 사용하여, 결국 미국의 국가 이익을 무시하거나 해쳤다는 것이다.

이를 위해 트럼프 대통령은 다음과 같은 방법을 사용했다.

1) 트럼프는 직접 그리고 미국 정부 내·외부에서 대리인들을 통해 우크라이나 정부가 바이든 수사 결과를 발표하도록 부정하게corruptly 유도하고, 의회가 러시아의 침략을 저지할 목적으로 우크라이나에 대한 군사 원조 및 안보 지원 용도로 배정한 3억 9,100만 달러 상당의 미국 납세자들의 돈의 지급과 미국 정부가 러시아의 침략에 맞서는 우크라이나 정부에 대해 지속적인 지지를 나타내는 의미로 우크라이나 대통령이 요청한 백악관에서의 양국 정상회의의 개최라는 2가지 사항을, 앞서 본 우크라이나 대통령에게 요구한 수사 결과 발표에 조건 지으려 했다(대가관계로 만들려 함).

2) 트럼프는 위 1) 항이 공개될 위험에 처하자, 우크라이나 정부에 대한 군사 원조와 안보 지원은 결국 하기로 했다. 그러나 자신의 정치적 이득을 위해 공개적으로 그리고 부정하게, 우크라이나가 수사를 계속 수행할 것을 유도하고 촉구했다.

이상과 같은 행위들을 통해 트럼프는 자신의 부적절한 정치적 이득을 위해 미국의 국가안보와 다른 중요한 국가 이익을 무시하거나 저해함으로써 대통령직에 따른 권한을 남용했다. 또한 트럼프가 외세를 개입시켜 민주적 선거를 혼탁하게 함에 있어서 대통령직이라는 중요한 공직이 부여한 권한을 남용한 것은 국민을 배반한 것이기도 하다.

트럼프 탄핵사유 2항은 '의회 방해obstruction of Congress'이다. 트럼프가 자신에 대한 탄핵 조사와 관련하여 법무부나 국방부 등 관련 부서에 의회의 요청에 응하거나 증거 서류를 제출하지 말도록 지시하고, 전·현직 공무원들에게도 같은 취지의 지시를 내려서 9명의 공무원이 의회의 증인 소환에 불응하도록 했다는 것이다. 보다 구체적 내용은 다음과 같다.

미국 하원은 위에서 본 바와 같이 트럼프가 우크라이나 정부를 2020년 미국 대선에 끌어들이려고 한다는 혐의와 관련된 탄핵 조사 활동을 하면서 여러 행정부처의 전·현직 공무원들을 상대로 서류의 제출과 진술을 요청하는 명령subpoena을 발부했지만, 트럼프 대통령은 정당한 사유 없이 의회의 요청에 따르지 말 것을 지시했다. 구체적으로 1) 백악관이 하원 위원회가 제출을 요청하는 서류를 제출하지 않도록 함으로써 의회의 제출명령 이행을 거부하도록 지시하고, 2) 다른 정부 기관들도 제출명령의 이행을 거부하도록 하여 국무부나 예산실, 국방부 등의 정부 부처들이 서류 한 장도 제출하지 못하도록 했으며, 3) 정부 부처의 전·현직 공무원들이 하원 위원회에 협조하지 말 것을 지시하여 소환장을 받은 9명의 전·현직 공무원이 소환에 불응하도록 했다.

트럼프의 이러한 행위는 연방헌법에 따라 탄핵소추의 유일한 권한을 가지는 하원의 권한 행사에 필요한 기능과 판단을 본인이 행사하기로 한 것으로, 트럼프는 이 모든 행위를 통해 대통령으로서의 신뢰를 저버리고 헌정을 파괴하는 방법으로 행위하고 법과 정의를 중대하게 침해하였으며, 미국 국민에게 분명한 해악을 끼쳤다.

상원의 탄핵재판

하원은 트럼프에 대한 탄핵소추를 의결하고도 탄핵소추장을 상원에 보내지 않고 있다가 한 달쯤 지난 2020년 1월 15일에야 보냈다. 트럼프 탄핵재판은 1월 16일부터 시작했다. 상원의 탄핵재판에서 민주당은 백악관 안보 보좌관을 지내다가 트럼프와 갈등을 빚고 사임한 존 볼턴 등을 증인으로 부르려고 했으나 공화당이 증인 출석에 반대하여 증인을 부르거나 새로운 증거를 채택하지는 않기로 했다. 증인 채택에 상원의원 과반수 찬성이 필요한데 공화당의 반대로 채택이 어려웠던 것이다.

상원의 탄핵재판에서 트럼프 측에서는 트럼프의 행위가 탄핵이 가능하려면 형사범죄가 성립해야 하는데, 탄핵을 소추한 의회 측에서는 이 점에 대해 제대로 증거를 제시한 적이 없다고 주장했다. 트럼프가 우크라이나 젤렌스키 대통령과 통화하여 우크라이나 수사당국이 바이든 부자를 수사할 것을 요청한 것이 권력 남용이라고 하는데, 이것은 대통령의 고유 권한인 외교정책을 수행한 것에 불과하여 권력 남용이 될 수 없고, 바이든 부자에 대한 수사 요청은 2020년 미국 대선에서 유리한 국면을 조성하려는 개인적 동기 때문이 아니라 미국의 국익을 위한 것이라고 주장했다(김병호, 『탄핵으로 본 미국사』).

2020년 2월 5일 상원은 트럼프 탄핵소추에 대한 표결을 실시했다. 탄핵사유 1항에 대해서는 무죄 52표 대 유죄 48표, 탄핵사유 2항에 대해서는 무죄 53표 대 유죄 47표로, 무죄로 투표한 의원이 많아 트럼프에 대한 탄핵소추는 기각됐다.

트럼프 1차 탄핵의 의미

116대 미국 의회가 회기를 마칠 때 상원의 구성은 공화당 51석, 민주당 46석, 무소속 2석, 공석이 1석으로, 앞서 본 탄핵재판의 투표 결과는 공화당과 민주당의 상원 의석수와 거의 일치했다. 본인의 소속 정당에 따라 공화당 상원의원들은 트럼프의 탄핵 혐의에 대해 무죄, 민주당 상원의원들은 유죄로 투표했음을 보여주는 결과였다.

트럼프 대통령 탄핵이 실패한 것은, 트럼프가 우크라이나 정부에 대해 바이든 부자에 대한 수사를 요청했다는 것은 젤렌스키 대통령과의 통화 내용 공개로 입증되기는 했지만, 그것이 대통령의 정당한 외교 수행의 일환이었는지, 그것이 아니라 2020년 대선에서 정적인 바이든에게 타격을 주기 위한 동기의 권력 남용인지를 가리는 것이 핵심이었는데, 그 혐의 입증에는 실패한 것이다.

그런데 사실 이 부분에 대해서는 특별검사의 수사도 없었다. 의회가 자체적으로 조사하고 그 결과를 토대로 탄핵을 소추한 것이다. 그런데 의회의 탄핵 조사 과정에서 정부에 대한 자료 제출 요청과 증인 출석 요청에 대해 트럼프가 일체 응하지 말 것을 지시하여 상당수 증인이 출석하지도 못했고, 일부 증인들만 앞서 본대로 증언하여 의회의 탄핵 조사가 상당히 부실했던 점이 작용했다. 트럼프가 자신의 탄핵 혐의를 입증할 만한 증거 제출이나 증인 소환에 협조하지 않아서 트럼프 탄핵소추가 기각된 셈이다.

국민 여론도 트럼프에게 유리하게 작용했다. 트럼프에 대한 탄핵이 소추되자 46% 정도의 미국인들만 트럼프가 탄핵될 만한 위반행위를 저질렀을 것이라고 믿었고, 28%는 뭔가 잘못은 했지만 탄핵할 정도는 아니라고 응답했으며, 25%는 트럼프가 아예 잘못한 게 없다고 응답했다(마이클 게르하르트, 『대통령 탄핵의 법』). 상원에서 트럼프의 탄핵 혐의가 무죄 53표, 유죄 47표로 나온 비율과 국민 여론 사이에 큰 차이가 없었던 셈이다.

트럼프 1차 탄핵 사건의 의미는, 대통령이 다가오는 대통령 선거에서 재선을 노리면서 상대 당 후보(정적)에 대한 수사를 외국 정부에 요청하고 그 수사 발표와 외국 정부에 대한 지원을 조건 지으려 한 경우 대통령의 권력 남용에 해당하고 파면 사유로 충분한가이다.

이 점에 대해서는, 대통령이 본인의 재선에 유리한 국면을 조성하고 정적에게 정치적 타격을 가한다는 부패한 동기로 우크라이나에 대한 군사 지원금 지급 등을 바이든에 대한 수사 발표에 조건으로 건 것이 대통령 권한을 남용한 것으로 보는 입장도 있지만, 이것은 외국 정부와 관련된 외교적·정책적 결정 영역으로서 대통령이 미국의 국익이나 여러 가지 사정을 고려하여 대통령의 권한과 재량하에 지원금 지급을 집행하고 백악관 방문도 추진하는 것이므로 대통령의 권한 남용으로 단정할 수 없다는 입장도 있다.

결국 이런 경우 중요한 것은, 대통령이 부패한 동기로 행위를 했다는 점에 대한 입증, 즉 대통령의 내심의 동기와 의사에 대한 입증이 핵심 사항이다. 만일 그런 점이 객관적으로 충분히 입증만 된다면 대통령 파면도 가능할 것이지만, 이 사건의 경우 당시 상황이나 관련자들의 의회 증언 내용을 보면 자신의 재선 당선을 위해 정적에게 타격을 가하고자 한, 대통령의 부패한 동기가 있었다는 점에 대해 의심은 충분히 가는 사건이나 닉슨 탄핵 사건에서의 백악관 녹음테이프 같은 결정적 증거가 나오지 않는 한 탄핵재판에서 권력 남용으로 인정받기가 쉽지 않았을 것이다.

2020년 미국 대통령 선거

트럼프의 임기 중 최대 관심사는 2020년 대선에서 다시 당선되는 것이었다. 트럼프가 우크라이나 정부에 바이든 수사를 압박한 것이 불거져서 2019년 탄핵소추를 당한 것도 결국 자신의 재선 문제였다. 최근 미국 대통령들의 경우, 1989년부터 1993년까지 제41대 대통령을 지낸 아버지 부시 대통령이 민주당 클린턴 후보에게 대선에서 패배하여 단임으로 임기를 마친 경우를 빼고는 재선에 성공해 8년 집권한 경우가 대부분이었다. 게다가 트럼프의 경우 미국 경제의 상대적 호황으로 대통령 국정 수행 지지율도 괜찮아서 재선 전망이 어둡지 않았다.

그러나 2019년 말 중국 우한에서 시작되어 2020년 초 전 세계로 퍼진 코로나바이러스의 미국 내 확산과 이에 대한 미국 정부의 초기 대응 실패로 트럼프는 지지율 유지에 어려움을 겪었다. 트럼프 행정부가 코로나 상황을 낙관적으로 보고 초기 대응을 느슨하게 한 점과 코로나 확산으로 공공장소와 사업장들이 폐쇄되고 기업들이 인력을 감축함에 따라 경제 상황이 나빠지자 트럼프의 재선 전망이 어두워졌다.

이런 와중에 민주당에서는 2020년 4월 초 바이든이 민주당 대선 후보가 됐고 같은 해 6월 초 대선 후보 지명에 필요한 대의원 수를 넘기면서 민주당 대선 후보로 확정됐다. 트럼프로서는 재선을 위협할 만한 강력한 경쟁자를 만난 것이다. 바이든의 등장으로 2020년 중반 이후부터 바이든의 승리를 예측하는 여론조사 결과가 나오자 선거유세 중이던 트럼프는 만일 자신이 대선에서 진다면 선거 결과에 승복하지 않을 것임을 시사하는 발언도 여러 차례 했다.

2020년 11월 3일 실시된 미국 대선은, 당초 트럼프 캠프의 예상으로는 2016년 대선 승리 때처럼 '샤이 트럼프shy Trump'의 위력을 등에 업고 트럼프가 재선할 것으로 예상한 분위기였다. 그러나 다음 날 우편투표가 집계되기 시작하면서 주요 경합 주들에서 역전당했고, 결국 바이든의 승리를 허용했다. 바이든이 무난하게 당선될 것으로 예상하는 보도도 많았지만, 실제 선거인단 결과를 보면 후반까지도 박빙이었다. 2016

년 대선 결과와 비교할 때 트럼프가 애리조나, 위스콘신, 조지아를 비롯한 경합 주에서 바이든에게 진 것이 패배의 큰 원인이었다. 반면 바이든은 미국 대선에서 역대 가장 많은 득표수인 8,128만 표를 득표해 트럼프 반대층의 표 결집 효과를 톡톡히 봤다.

대선 결과 불복

그러나 트럼프는 경합 주들의 개표 결과가 발표되고 자신의 선거 패배가 사실상 확정되었을 때도 선거 패배를 인정하지 않았다. 트럼프는 한 발 더 나가서 조지아, 애리조나, 미시간, 펜실베이니아, 위스콘신 등 바이든이 승리한 경합 주를 포함하여 부정선거를 주장했다. 트럼프는 자기가 선거 사기를 당했다고 주장하면서 대선 결과에 불복하기 시작했고, 본인 또는 지지자들의 이름으로 60개도 넘는 선거구에서 구체적인 증거도 없이 선거 불복 소송을 제기했다. 그러나 한 군데 선거구 말고는 전부 별 이유 없는 것으로 패소하거나 중간에 소송이 취하됐다. 그 한 군데 역시 선거 결과에는 영향이 없는 사건이었다(김병호, 『탄핵으로 본 미국사』).

트럼프는 법무장관 윌리엄 바를 통해 휘하의 연방검사들

에게 선거 부정이 있는지 조사하라고 지시했으나 이런 노력도 실패했다. 열흘쯤 지나자 연방검사들이 법무장관에게 부정선거를 입증할 만한 아무런 증거가 없다면서 조사 중지를 요청한 것이다. 그 결과 2020년 12월 1일 법무부는 2020년 대선 결과를 바꿀 만큼 광범위한 투표 사기가 있다는 아무런 증거를 발견하지 못했다고 공식 발표했다.

그러나 트럼프는 자신이 직접 나서서 선거 결과를 뒤집어 보려고 시도하면서, 특히 조지아주 선거 결과에 집착하여 직접 주 내무장관에게 전화까지 했다. 트럼프가 2021년 1월 2일 브래드 래펜스버거 내무장관에게 전화한 내용이 녹음되어 나중에 트럼프 탄핵소추에 증거로 쓰이기도 했다. 트럼프가 래펜스버거에게 말한 내용은 다음과 같다.

"조지아주 투표는 완전히 불법이다. 그것은 범죄다, 범죄행위다. 그런 일이 생기도록 놔두면 안 된다. 큰 실수를 하는 거다. 내가 들은 바에 의하면 그들이 투표용지를 파쇄했다. 그리고 파쇄 기계를 옮겼다. 아주 빨리 옮겼다. 둘 다 범죄행위다. 이런 일이 벌어지게 놔두면 안 된다. 내가 다시 말한다. 이런 일이 벌어지게 놔두면 안 된다. 내가 지금 원하는 것은, 내가 이 선거에서 이겼기 때문에 (잃어버린) 11,780표를 찾으라는 것이다."

그러나 이런 트럼프의 노력은 통하지 않았고 모두 무위로 끝났다.

내란 선동

       트럼프는 2020년 12월 14일 대통령 선거인단이 306 대 232로 바이든을 제46대 대통령으로 선출하기 전날에도 트윗 메시지를 통해 자기가 대선에서 압승했고 민주당이 엄청난 선거 사기를 범했다고 주장했다. 민주당이 선거를 훔쳤다는 것이다. 12월 18일에는 지지자들과 공화당 상원의원들을 향해서 우리가 대선을 크게 이겼다, 싸워야 한다, 그들이 가져가게 하면 안 된다고 메시지를 냈고, 12월 19일에도 트윗 메시지를 통해 우리가 2020년 대선에 졌다는 것은 통계적으로 불가능하다, 내년 1월 6일 큰 저항이 있을 것이다, 참석하라, 저항이 거칠 것이라고 했다.

  2021년 1월 6일은 상원과 하원이 의사당에 모여 대선 결과를 최종적으로 인증하도록 예정되어 있었다. 부통령 마이크 펜스는 상원의장을 당연직으로 겸직하기 때문에 대선 결과 인증에 중요한 역할을 하는데, 트럼프는 펜스에게도 대선 결과를 인증하지 말라고 계속 압력을 넣었다. 트럼프는 이틀 전 조지아주 달튼 집회에서도 민주당이 백악관을 훔치려 한

다, 그냥 놔두어서는 안 된다, 처절하게 싸워야 한다며 지지
자들의 투쟁을 부추겼다.

  2021년 1월 6일 미국 국회의사당에서 1.5킬로미터 떨어진
엘립스 공원에서 "미국을 구하자Save America"라는 이름의 집회
가 열렸다. 트럼프는 정오 무렵부터 1시경까지 모인 군중을
향해서 "민주당이 선거를 도둑질했고 이제 불법적인 대통령
을 갖게 될 것이다. 그런 일이 일어나게 해서는 안 된다. 우리
는 싸워야 한다. 처절하게 싸워야 한다. 만일 그렇게 싸우지
않으면 더 이상 나라를 갖지 못할 수도 있다."라고 연설했다.
그리고 나서 마지막에 의사당으로 가자고 말하면서 연설을
끝마쳤다.

  트럼프가 연설을 마치자 집회 참가자들은 바로 의사당으
로 몰려갔다. 트럼프도 그들을 따라 의사당으로 가려 했으
나 대통령 비밀경호국Secret Service의 만류로 백악관으로 돌아갔
다. 그곳에서 의사당 폭동 상황을 TV로 시청했다. 집회 참가
자들은 의사당 동쪽과 서쪽 입구에서 의회 경비 인력들과 대
치하던 중 이들을 폭행하고 차단선을 넘어 들어가서 갖고 온
각종 무기로 경찰관들을 폭행하거나 위협했다. 폭도로 변한
것이다. 이들은 먼저 상원에 들이닥쳐 펜스 부통령을 찾았다.
펜스 부통령과 토론 중이던 상원의원들은 황급히 몸을 피했
다. 이들은 펜스 부통령을 목매달자고 외치고 다녔다. 이 무

렴 하원의원들 역시 겁에 질려 대형 회의실에 모여서 경찰과 함께 폭도들의 진입을 가까스로 막고 있었다. 폭도들은 가지고 온 야구 방망이, 대형 해머, 하키 스틱, 경찰 방패, 최루가스 등을 사용하면서 경찰을 공격했고, 이 과정에서 경찰관 1명을 포함하여 5명이 목숨을 잃었고 수백 명의 부상자가 발생했다. 트럼프는 이런 과정을 지켜보면서도 별다른 조치를 하지 않고 있다가 폭동이 시작된 지 30분이 지나서야 경찰에 협조하고 질서와 평화를 유지하라는 메시지를 트윗했다. 그리고 3시간이 지나서야 평화를 요청하는 영상을 공개했다. 이러한 급박한 상황 때문에 상·하원 합동회의는 이날 대선 결과를 인증할 수 없었다. 다음 날 다시 모여서 선거 결과를 인증했다(김병호, 『탄핵으로 본 미국사』).

트럼프 탄핵소추

미국 의회 의사당에 폭도가 난입한 폭동 사태가 일어나자 민주당 내에서는 폭동 당일부터 트럼프 대통령을 탄핵하자는 움직임이 일었고, 개인적으로 탄핵소추장을 작성하는 의원들도 생겼다. 하원 법사위원회는 2021년 1월 12일 대통령 탄핵에 관한 〈의회 사무국 보고서〉를 발간했다. 앞서 본 사실관계는 이 보고서를 참조한 것이다.

미국 하원은 역사상 유례없이 신속하게 바로 다음 날 1월 13일 민주당 의원 222명 전원과 10명의 공화당 의원의 찬성, 반대 197표로 트럼프에 대한 탄핵소추를 의결했다. 탄핵사유는 트럼프가 2020년 대선 결과에 불복하고 결과를 뒤집으려 한 과정에서 내란을 선동incitement of insurrection했다는 1개 항목이다. 역대 미국 대통령 탄핵 사건에서 단 1개의 사유로 탄핵을 소추한 것은 이번이 처음이었다. 내용은 다음과 같다.

2021년 1월 6일 연방헌법 수정 제12조에 따라 부통령과 하원의원들, 상원의원들이 의사당에서 선거 결과를 인증하기 위한 합동회의를 개최하고 있었다. 트럼프는 이 회의 개최 몇 달 전부터 2020년 대선 결과는 광범위한 사기극으로 국민에 의해 수용될 수 없고 연방이나 주 공무원들에 의해 인증될 수도 없다는 허위 진술을 반복해서 해왔다.

합동회의 개최 직전 트럼프는 의사당 인근 엘립스 공원에서 열린 집회에 모인 군중들을 상대로 연설하면서 "우리는 이 선거에 이겼다. 그것도 압승했다."라고 허위의 주장을 하고, 의사당에서 발생한 무법적인 행동으로 귀결된 사태를 예견할 수 있으면서도 의도적으로 "여러분들이 정말 치열하게 싸우지 않으면 여러분들은 더 이상 나라를 갖지 못할 수도 있다."라고 연설했다. 이런 말에 선동된 군중은 2020년 대선 결과를 인증해야 할 헌법상 의무가 있는 합동회의의 개최를 방해할 목적으로, 의사당에 불법적으로 난입하고 약탈하고, 경비요원들을 죽이거나 상해를 가하며 의원들과 부통령, 의회 보좌진을 위협하면서 각종 폭력적, 파괴적 폭동 행위를 했다.

그런데 2021년 1월 6일 있었던 트럼프의 언동은 2020년 대선 결과의 인준을 저지하고 방해하려는 이전의 노력과도 궤를 같이하는 것이다. 그중에는 같은 해 1월 2일 조지아주 내무장관에게 전화해 조지아주의 대선 결과를 뒤집을 수 있을 만큼 충분한 표를 "찾으라." 종용하면서 그렇지 않으면 불이익이 있을 것 같이 위협했던 사실도 포함된다.

이 모든 행위를 통하여 트럼프는, 미국의 안보와 정부 기관들을 심각한 위험에 빠뜨렸고 미국 민주주의 체제의 순수성 integrity을 위협하고 평화적 정권교체를 방해하며 행정부와 대등한 다른 부(의회)를 위태롭게 했다. 따라서 트럼프는 대통령으로서의 신뢰를 저버렸고 미국 국민에게 분명한 해악을 끼쳤다. 트럼프가 대통령직에 계속 남아 있는다면 미국의 국가안보, 민주주의, 그리고 헌정에 위협이 될 것임을 앞서 본 위반행위를 통해 증명했으며, 이런 위반행위는 법의 지배와 자율적 정부와도 크게 배치되는 것이다. 따라서 트럼프에 대한 탄핵소추와 탄핵재판, 대통령직에서의 파면, 그리고 앞으로 더 이상 공직을 맡길 수 없다는 점은 충분히 정당화된다.

트럼프 탄핵재판

　　2021년 1월 13일 하원이 232 대 197로 트럼프에 대한 탄핵소추를 의결한 일주일 뒤 1월 20일 트럼프는 임기를 마치고 퇴임했다. 트럼프에 대한 상원의 탄핵재판에 대해 민주당과 공화당의 원내대표들은 같은 해 2월 9일부터 5일간 재판을 진행하는 것으로 합의했다. 트럼프는 퇴임하면서 바이든 대통령 취임식에도 불참한 채 플로리다로 가버렸다. 탄핵재판에 출석하여 발언할 기회도 있었으나 하지 않았다.

　상원의 탄핵재판에서는 누가 탄핵재판의 재판장이 되는지부터 문제 됐다. 연방헌법에 따르면 대통령에 대한 탄핵재판은 연방대법원장이 주재하기 때문이다. 그러나 트럼프는 이미 퇴임한 대통령이므로, 퇴임한 대통령의 탄핵재판을 누가 주재하는지가 논란이 된 가운데 상원의장 대행 민주당 패트릭 리히 의원이 맡는 것으로 정리됐다.

　2021년 2월 9일 탄핵재판이 시작되자 공화당 의원들은 상원은 전직 대통령에 대한 탄핵재판 관할권이 없다는 주장부터 했다. 아울러 퇴임한 트럼프에 대한 탄핵재판이 헌법위반이라는 동의안도 발의했다. 재판 관할이 인정되지 않는다면 대통령을 탄핵·파면할 사유가 있는지 심리할 필요도 없었기 때문이다. 그러나 찬성 44표, 반대 56표로 부결됐다. 탄핵재판을 계속 진행하게 된 것이다.

트럼프는 탄핵재판 과정에서 자신을 변호할 대리인들을 구하는 데에도 애를 먹었다. 큰 로펌들은 모두 거리를 두었고 트럼프 1차 탄핵재판에서 대리했던 변호사들도 고사했다. 이 때문에 트럼프는 잘 알려지지 않은 새로운 변호사 몇 사람을 구해서 탄핵재판에 대응했다. 탄핵재판에서, 트럼프의 언동이 내란 선동에 해당한다는 하원 소추위원의 주장에 대해 트럼프 변호인단은 트럼프의 발언은 폭력행위를 선동한 것이 아니라 정치적 발언에 불과하다고 주장했다. 아울러 대통령 같은 선출직 공무원의 정치적 발언은 연방헌법 수정 제1조의 표현의 자유 조항에 따라 가장 높은 수준의 헌법적 보호를 받는다고 주장했다. 변호인단은, 트럼프가 의사당 폭력 사태가 발생한 뒤 3시간 후에 시위대에게 질서를 유지할 것을 요청하며 평화롭게 집으로 돌아가라는 영상 메시지를 발표한 것을 거론하면서, 이런 점을 보면 "미국을 구하자" 집회와 관련한 트럼프의 언동은 표현의 자유를 보장할 수 없는 예외적인 경우에도 해당하지 않는다고 변론했다(김병호, 『탄핵으로 본 미국사』).

2021년 2월 13일 예정대로 트럼프에 대한 상원의 탄핵재판은 종료됐고 파면 여부에 대한 표결이 있었다. 유죄 57표, 무죄 43표의 표결로 트럼프 탄핵소추는 부결됐다. 상원에서 대통령이 파면(면직)되려면 67명의 상원의원이 찬성해야 하는데 공화당 상원의원 중 7명이 민주당 의원들과 함께 트럼프 파면에 동참하여 모두 57표가 된 것이다. 트럼프의 의회 폭동 선동이 대의민주주의를 근간으로 하는 미국 헌정질서를 위협하는 중대한 행위였음을 상당수 공화당 상원의원들도 인정한 셈이다.

트럼프 탄핵에 대한 평가

사실 트럼프에 대한 2차 탄핵소추는, 아무런 근거도 없이 대선 결과가 사기이고 도둑맞았다고 주장하면서 선거 결과를 부인하고 불복한 사건일 뿐만 아니라, 평화적인 정권교체를 거부하면서 폭력 사태를 유발하는 언행을 하여 실제 의사당에서 경비하던 경찰관 포함 5명이 죽고 수백 명이 심하게 부상당하는 심각한 결과를 초래한 사건이었다. 하원이 이런 점들을 대통령 탄핵의 사유로 삼았다는 점에서 사태의 원인을 제공한 트럼프의 언행은 미국의 대의민주주의

체제의 근간을 흔드는 '중대한 범죄와 비행'으로 판단될 가
능성이 높은 사건이었다.

공화당 상원의원 7명이 트럼프의 파면에 투표한 것은, 미
국 역사상 자기 당의 대통령에 대해 파면을 찬성한 가장 많
은 이탈표였다. 그만큼 의사당 폭동과 내란 선동이라는 트럼
프 탄핵의 사유가 위중했다는 의미이다. 2007년부터 상원 원
내대표를 지낸 공화당 맥코넬 상원의원도, "우리가 목격한
것은 평화적 정권 이양을 막기 위한 목적의 폭력적 내란이었
다."고 말할 정도였다. 맥코넬은 또한 2021년 1월 6일 의회 폭
동 사태를 촉발한 트럼프 대통령의 도덕적이고 실질적 책임
은 의문의 여지가 없다고 인정했다. 그러나 맥코넬은 자신은
무죄로 투표했다고 밝히면서 그것은 트럼프가 더 이상 대통
령이 아니고 민간인 신분이어서 탄핵 대상이 아니기 때문이
라는 이유를 들었다. 트럼프 탄핵소추가 상원에서 부결된 후
67명 가량의 상원의원들 역시 맥코넬처럼 트럼프 탄핵 사건
에 대한 의견을 표명했다. 트럼프가 더 이상 대통령이 아니
기 때문에 파면이 불가하다거나 파면할 필요가 없다고 보고
무죄로 투표했다는 의원들이 많았다.

상원에서 트럼프의 탄핵 혐의가 유죄 57표, 무죄 43표의
표결로 10표가 모자라서 무죄로 결론이 날 때, 미국 내 여론
역시 58%의 응답자가 트럼프 탄핵 사건에 대하여 유죄 선고

를 받아야 한다고 응답하는 등 상원의 표결 결과와 비슷했다. 반면 공화당 지지자들로 국한하여 여론조사를 실시한 결과, 14%만이 트럼프의 혐의가 유죄라고 응답했다. 그만큼 공화당 지지자들 사이에서는 트럼프에 대한 지지도나 충성도가 높았던 셈이다(김병호, 『탄핵으로 본 미국사』).

트럼프 2차 탄핵(내란 선동)의 의미

2021년 1월 6일 일어난 미국 의사당 폭동 사건은, 사태 진압 후 1,230명 이상이 연방 범죄로 기소되어 900명이 유죄판결을 받고 그중 약 750명이 징역형을 선고받을 정도로 심각하고 중대한 사건이었다. 비록 트럼프가 탄핵재판에서 공화당 상원의원들과 공화당 지지자들의 높은 지지를 등에 업고, 내란 선동 혐의의 탄핵소추 부결이란 결과를 도출했지만, 대통령 탄핵 사건에서의 탄핵사유라는 면에서 보았을 때 트럼프가 선거 결과에 불복하면서 의사당 폭동을 선동했다는 사유는 연방헌법의 기초자들이 대통령의 권력 남용을 우려하면서 대통령 탄핵제도를 설계할 때 대통령의 '중대하고 위험한 위반행위'로 염두에 두었던 행위에 가장 부합하는 사건으로 평가할 수 있다.

앞서 본 것처럼, 연방헌법 제정회의는 1787년 9월 8일 회의에서 '반역, 뇌물, 그 밖의 중대한 범죄와 비행'이라는 대통령 탄핵사유가 확정될 때 반역과 뇌물을 포함하여 '중대하고 위험한 위반행위great and dangerous offenses'를 탄핵하기 위해 영국에서 대표적 탄핵사유로 쓰이던 '중대한 범죄와 비행'이란 탄핵사유를 가져왔다는 것이다. 그리고 이 탄핵사유에는 '국가(미국)에 대한'이라는 제한 문구까지 있어서 '국가(미국)에 대한 중대한 범죄와 비행high crimes and misdemeanors against the State'이라는 탄핵사유에 헌법의 기초자들이 합의한 것이다. 이런 점에서 보면, 대통령이 퇴임을 목전에 두고 평화적 정권 이양을 거부하면서 대선 결과를 인증하는 상·하원 합동회의가 개최 중인 국회의사당에 자신의 지지자들이 난입하도록 선동한 행위는 대통령으로서 할 수 있는 가장 위험하고 중대한 위반행위로 평가될 수 있는 것이다.

이렇게 트럼프 탄핵사유가 위중함에도 불구하고 상원에서 탄핵소추 기각이란 결론이 나온 것은, 물론 트럼프가 폭동이 시작된 지 30분이 지나서야 경찰에 협조하고 질서와 평화를 유지하라는 메시지를 트윗하고 3시간 후에는 시위대에게 질서를 유지할 것을 요청하며 평화롭게 집으로 돌아가라는 영상 메시지를 발표하는 등으로 사태를 수습하려고 노력했다는 점도 있지만, 실질적인 탄핵 기각의 이유로 트럼프가 공화당에 대한 장악력이 누구보다도 높은 대통령이었고 자기에게 불리하게 한 사람에 대해서는 항상 보복하는 뒤끝이 있는 대통령이었다는 점이다. 비록 대통령으로서 임기가 끝났지만, 4년 뒤에 다시 대통령 선거에 나와서 대통령이 될 수도 있는 트럼프에 대해 공화당 상원의원들로서는 트럼프의 파면 결정에 투표하기 어려운 정치적 입장이었다는 점이 크게 작용했다는 평가이다(김병호, 『탄핵으로 본 미국사』).

트럼프 탄핵(내란 선동) 사건은 대통령이 선거를 통한 대의민주주의와 평화적 정권교체를 요체로 하는 민주주의 헌정질서를 부인하고 위협하는 특별하고 긴급한 위험이 발생한 경우, 이에 대응하여 헌정질서는 어떻게 스스로를 방어하고 잘못된 점을 교정할 수 있는지의 문제를 제기한다. 대통령 탄핵제도야말로 이런 특별한 헌법적 위기(긴급) 상황에 대응하기 위한 장치로 헌법에 마련된 것이다. 특별한 긴급 대응 장치Special Emergency Response Device로서의 탄핵제도 말이다.

전 세계적으로 민주주의가 대세가 된 오늘날에도 여전히 민주주의는 취약하고 언제든 독재체제로 전락할 위험성이 있다는 지적이 많다. 민주적으로 선출된 지도자가 민주제도를 전복하는 아이러니가 전 세계적으로 많이 늘어나고 있다는 것이다. 하버드대 정치학과 교수 레비츠키와 지블랫이 2018년에 쓴 『어떻게 민주주의는 무너지는가』에 잘 설명되어 있다. 이 책에서는 선거를 통해 집권한 민주 정부가 독재 체제로 갈 때 다음 4가지의 이상 징후를 보인다고 한다. 첫째 민주주의 규범 준수의 거부, 둘째 정적political enemy의 정당성 legitimacy에 대한 부정, 셋째 폭력의 조장 또는 묵인, 넷째 정적 과 언론의 자유와 권리 억압이다. 여기서 민주주의 규범 준수와 관련하여 선거에 불복하는 등으로 선거제도의 정당성을 부정한 적이 있는지가 중요한 판단 요소라고 한다.

레비츠키와 지블랫 교수는 트럼프가 민주주의 규범을 준수하는 의지가 없음을 이미 보여주었다고 하면서, 트럼프가 선거 절차의 정당성에 의문을 제기하고 부정선거를 거론하며 2016년 대선 결과를 받아들이지 않을 수 있다고 주장했을 때 트럼프는 이미 독재자가 될 첫 번째 기준을 충족했다고 지적한다. 트럼프는 선거운동 과정에서 끊임없이 선거 부정을 거론하면서 2016년 대선 캠페인 내내 힐러리가 수백만 명의 불법 이민자들과 이미 사망한 사람들까지 동원하고 있다고 주장했다는 것이다. 또한 자신의 선거운동 웹사이트를 통해 힐러리가 2016년 대선을 조작하지 못하도록 도와달라고 했고, 힐러리와의 마지막 대선 토론회에서는 자신이 패배하더라도 선거 결과에 승복하겠다는 대답을 끝까지 하지 않았다는 것이다.

독재자의 두 번째 기준은 정적의 정당성을 부정하는 것인데 레비츠키와 지블랫은 트럼프가 이 기준도 충족한다고 보았다. 독재정치인은 대개 정적을 범죄자, 파괴 분자, 매국노, 국가안보나 국민의 삶에 위협적인 존재로 비난하는데 트럼프는 힐러리를 범죄자로 규정하고 구속해야 한다고 끊임없이 주장했다는 것이다.

독재자의 세 번째 기준은 폭력에 대한 조장과 용인인데 트럼프는 이 기준도 충족했다고 말한다. 트럼프는 선거운동 기간 내내 지지자들의 폭력을 용인했을 뿐만 아니라 때로는 이를 조장하기까지 했는데, 어떤 집회에서는 시위하는 사람들을 기습 공격하고 살해 협박까지 했던 지지자들을 위해 변호사 비용을 대주겠다는 제안도 하는가 하면 시위자들에게 무력을 써도 좋다는 말도 서슴없이 했다는 것이다.

마지막으로 독재자의 네 번째 기준은 정적과 비판자, 언론에 대한 대응 방식의 문제, 그들의 자유와 권리 침해의 문제인데 트럼프는 이 기준도 충족했다고 지적한다. 독재자는 언제나 야당과 언론, 시민사회에서 자신을 비판하는 사람들을 권력을 이용해 처벌하려고 하는데, 트럼프는 2016년 대선에 승리한 다음 힐러리 클린턴을 수사하기 위해 특별 검사팀을 꾸리고 있으며 힐러리는 곧 교도소에 갈 것이라고 주장했고 자신에게 우호적이지 않은 언론에 대해 처벌하겠다고 끊임없이 협박했다는 것이다.

레비츠키와 지블랫 교수는 닉슨 대통령을 제외하고 20세기 동안 주요 정당의 대선 후보들은 이 4가지 기준 중에서 단 한 가지도 충족하지 못했음을 지적했다. 그리고 닉슨 후보조차도 민주주의 규범과 국민의 기본권을 무시하겠다는 의지를 공식적으로 드러낸 적이 없었다고 한다. 그러나 트럼프의 경우는 민주주의 규범과 기본권을 무시하는 언행을 계속해 왔고, 이런 점에서 트럼프는 미국의 민주주의를 설계하고 연방헌법을 만들었던 알렉산더 해밀턴을 비롯한 모든 건국의 아버지들이 우려했던 바로 그러한 유형의 위험한 인물이라고 지적했다.

트럼프에 대한 1차 탄핵(2019년)도 그렇고 2차 탄핵(2021년)도 그렇고, 모두 트럼프의 대통령 선거(재선)와 관련된 일이다. 그만큼 트럼프에게 자신의 재선은 중요한 문제였다. 미국 연방헌법의 기초자들이 미국을 대의민주주의와 공화정 체제로 만들면서 가졌던 우려 중 하나는 대통령이 자신의 재선을 위해 수단·방법을 가리지 않고 위법 또는 부당하게 선거에 개입하는 것이었다. 탄핵제도가 이에 대한 대책 중 하나였던 셈이다. 그런데 트럼프의 경우, 그런 우려대로 본인이 2020년 대선에서 다시 대통령에 당선되기 위해 우크라이나 정부에 대해 정적 바이든 수사를 종용한 것이 문제가 되어 하원에서 권력 남용으로 탄핵소추까지 당하고서도, 2020년 대선

에서 패배하자 이번에는 부정선거라면서 선거 결과에 공공
연하게 불복하고 선거를 도둑맞았다면서 선거 결과를 인증
하는 의사당으로 몰려가자고 지지자들을 선동했고, 그런 선
동에 따라 지지자들이 야구 방망이와 해머 등을 든 폭도로
돌변하여 의사당에 난입하는 폭동을 일으켜 5명이 목숨을
잃었고 수백 명의 부상자가 발생한 중대한 결과가 발생하도
록 한 것은, 선거제도를 요체로 하는 대의민주주의, 그리고
평화적 정권교체를 부정한, 대통령의 '중대한' 비행으로 충분
히 평가될 만하다.

제3부

한국 대통령들은
왜 탄핵됐나

7장
노무현 대통령 탄핵

2002년 대통령 선거

　　새천년민주당. 김대중 대통령이 16대 총선을 앞두고 2000년 1월 창당한 정당이다. 새천년민주당은 2002년 연말에 실시되는 16대 대통령 선거를 앞두고 국민 경선을 통해 후보를 선출하기로 했다. 2002년 3월 초 제주를 필두로 전국 16개 시도를 돌면서 당원들과 국민이 직접 투표하여 후보를 선출하는 방식의 경선이었다. 당시 부동의 1위 후보는 이인제였다. 노무현은 군소 후보로 지지율이 10%도 안 됐다. 그러나 노무현 후보는 곧 돌풍의 진원지가 됐다. 제주와 울산에 이은 광주 경선 직전 여론조사에서 한나라당 이회창 후보와 양자 구도에서 노무현이 앞서는 여론조사 결과가 나온 것이다. 이런 의외의 여론조사 결과와 노사모의 열성적 지지에 힘입어 민주당의 텃밭 광주에서 노무현은 1위 후보로 등극했다. 노무현은 그 여세를 몰아 2002년 4월 27일 새천년민주당 대선 후보로 선출됐다.

그러나 후보 선출 후 새천년민주당에서는 노무현에 반대하는 비노(또는 반노) 세력과 찬성하는 세력 간의 내부 갈등이 심했다. 유력 대선 주자 한나라당 이회창 후보는 물론이고 월드컵 4강 신화의 바람을 타고 유력 대선 후보로 떠오른 정몽준에게도 여론조사에서 밀리며 3위 후보로 주저앉기도 했다. 민주당 안에서 노무현 후보 반대 여론과 후보 교체론이 일기 시작했다. 같은 해 11월에는 정몽준 후보와의 단일화를 요구하는 후보 단일화 협의회, 일명 '후단협'으로 불리는 의원들이 민주당을 집단 탈당하는 사태도 있었다. 노무현은 여론조사를 통해 정몽준과 후보 단일화하기로 했다. 2002년 11월 25일 여론조사에서 정몽준을 1.5% 차로 따돌리며 최종 대선 후보로 확정됐다.

대선 하루 전 정몽준이 노무현에 대한 지지 철회를 선언하여 노무현에게 위기가 찾아오는 듯했다. 그러나 노무현은 2002년 12월 19일 대통령 선거에서 48.91%를 득표하여

46.6%를 득표한 이회창 후보를 제치고 대통령에 당선됐다.

노무현 대통령과 열린우리당

2003년 2월 25일 16대 대통령에 취임한 노무현은 임기 초반부터 국정운영에 어려움을 겪었다. 노 대통령이 집권할 때 야당인 한나라당은 133석, 집권 여당 새천년민주당은 115석으로 여소야대 상황이었다.

노 대통령은 참여정부 초대 법무장관으로 판사 출신 강금실을 임명했다. 강 장관은 2003년 2월 말 취임 후 기존의 관례를 깨고 검찰총장과 상의 없이 검찰 인사를 냈다. 내부에서 반발이 일어났다. 그러자 노 대통령은 검사들과 직접 소통에 나섰고, 같은 해 3월 9일 TV로 생중계되는 가운데 평검사들과 대화를 시도했다. 그러나 한 검사가 "과거 언론을 통해 대통령께서 83학번이라는 보도를 봤습니다. 혹시 기억하십니까? 저도 그 보도를 보고, 내가 83학번인데 동기생이 대통령이 되셨구나. 이런 생각을 했습니다."라고 발언하는 등 대통령을 존중하는 분위기가 아니었다. 오히려 1946년생 상고 출신 대통령을 비하하는 발언으로 받아들여졌다. 주류 언론 역시 노 대통령을 대통령으로 인정하지 않는 듯한 태도를 보였다. 이런 가운데 같은 해 5월 노 대통령이 "대통령 못 해먹겠다."라는 발언을 했는데 이 발언 역시 일파만파였다.

한편 여당인 새천년민주당은 대선 과정에서부터 있었던 친노와 비노 간의 갈등의 앙금이 잦아들지 않는 가운데, 결국 친노 의원들 중심으로 신당을 창당하기로 했다. 2003년 9월 37명의 의원이 탈당하고 이어서 노 대통령도 탈당했다. 그리고 2003년 11월 11일 열린우리당이란 이름의 신당이 창당됐다. 의석수 47석의 미니 정당이었다.

노 대통령은 어려운 정국을 타개하기 위한 노림수로 국민의 재신임을 묻겠다는 선언도 했다. 2003년 10월 13일 국회에서 예산안 시정연설을 통해 "지난주에 국민의 재신임을 받겠다는 선언을 했다. (중략) 제가 결정할 수 있는 일은 아니지만 국민투표가 옳다고 생각한다. 법리상 논쟁이 없는 것은 아니지만 정치적 합의가 이루어지면 현행법으로도 '국가안보에 관한 사항'을 좀 더 폭넓게 해석함으로써 가능할 것으로 생각한다."라고 발언하며 같은 해 12월 중 재신임 국민투표 실시를 제안했다. 그러나 이틀 뒤 새천년민주당 박상천 대표는 국회 연설을 통해 대통령에게 측근 비리 사건을 덮고 국민의 불안심리를 이용해 내년 총선에서 신당을 띄우고 정치판을 새로 짜겠다는 정략적 의도가 있다면서 헌법에 반하는 재신임 국민투표 제안을 철회하라고 촉구했다. 여야를 가리지 않고 반발이 심했다.

재신임 국민투표의 위헌 문제를 제기한 헌법소원도 제기
됐다. 그러나 헌법재판소는 2003년 11월 27일 대통령의 국
민투표 제안 행위는 법적 효력이 있는 행위가 아니라 단순한
정치적 계획의 표명에 불과하다는 이유로 헌법소원 청구를
각하했다.

4·15 총선과 노 대통령의 선거 관련 발언

2004년 4월 15일 실시 예정인 17대 총선이 다가오
자 새천년민주당 대표 조순형은 2004년 1월 8일 신년 기자회
견을 통해, 노 대통령이 자신의 재신임을 4·15 총선과 연계
하려는 불온한 음모를 중단하지 않는다면 탄핵을 발의할 수
밖에 없음을 엄중히 경고한다고 밝혔다.

노 대통령은 2004년 2월 18일 경인 지역 6개 언론사와의
기자회견, 2월 24일 한국방송기자클럽 초청 기자회견에서 총
선 전망에 대해 "개헌저지선까지 무너지면 그 후에 어떤 일
이 생길지는 저도 정말 말씀드릴 수가 없다."라거나 "대통령
이 뭘 잘해서 열린우리당에 표를 줄 수 있는 길이 있으면 정
말 합법적인 모든 것을 다하고 싶다."라는 총선 관련 발언을

했다.

그러자 중앙선거관리위원회('선관위')는 대통령의 이런 선거 관련 발언은 선거법 위반이라고 경고하고 자제해 달라는 취지의 서신을 보냈다. 이에 대해 이병완 청와대 홍보수석은 2004년 3월 4일 이번 선관위 결정이 납득하기 어렵다는 점을 분명히 밝혀두고자 한다며 선거 관련 법이 이제 합리적으로 개혁되어야 한다는 취지로 발언했다. 이에 대해 야당은 청와대 홍보수석의 발언에 대해 대통령을 탄핵소추하겠다고 하면서 사과를 요구했다.

한편 2004년 3월 4일 새천년민주당은 긴급 대책회의를 소집해 노 대통령이 선거법 위반을 사과하지 않으면 곧바로 탄핵안을 발의하기로 결의했다. 한나라당 역시 의원총회를 열어서 대통령 탄핵을 추진하기로 했다.

그러나 노 대통령은 2004년 3월 11일 특별기자회견을 통해 "잘못이 있어 국민에게 사과하라고 하면 언제든지 사과할 수 있습니다. 하지만 잘못이 뭔지 모르겠는데 시끄러우니까 사과하고 넘어가자, 그래서 탄핵은 모면하자, 그것은 제가 받아들이기 어려운 것입니다. (중략) 국민 여러분 제가 허물이 있는 만큼, 제게 잘못이 있는 만큼, 바른 자세로 더욱 열심히 노력해서 보상하도록 하겠습니다. 몇 배 더 성실히 보상하도록 하겠습니다. 그리고 이제 한국의 정치 수준이 노무현이가 과오가 있어서, 허물이 있어서, 떳떳지 못해 곤란하다고 국민이 인식하실 때는 언제든지 결단을 내리겠습니다. 이번 총선에서 판단을 해주시기 바랍니다."라고 밝히면서 사과 요구를 정면으로 거부했다.

노무현 대통령 탄핵소추

그러자 바로 다음 날 2004년 3월 12일 국회는 본회의에서 유용태·홍사덕 의원 외 157인이 발의한 '대통령(노무현) 탄핵소추안'을 상정해 재적의원 271인 중 193인의 찬성으로 의결했다. 국회의 탄핵소추의결서가 대통령에게 전달되면서 노 대통령의 직무수행은 정지됐고 권한대행 체제가 시작됐다. 특기할 만한 것은 이날 〈연합뉴스〉, 〈동아일보〉, 〈중앙일보〉, 〈한국일보〉, 〈한겨레〉, 〈MBC〉 등의 여론조사 결과, 탄핵 반대 여론이 모두 70%를 넘었다는 것이다. 국회가 대통령 탄핵에 반대하는 국민 다수의 의사를 무시하면서 헌정사상 최초로 현직 대통령에 대한 탄핵소추를 의결한 셈이다. 탄핵소추 후 대통령 탄핵을 반대하는 촛불집회가 이어졌다.

국회는 대통령 탄핵사유로 다음 3가지를 제시했다.

첫째, 노 대통령이 헌법과 법률에 위반하여 국법 질서를 문란케 했다는 사유였다. 여기서 국회는 노 대통령의 2004년 2월 18일 경인지역 언론사와 합동 기자회견, 같은 해 2월 24일 방송기자클럽 초청 기자회견에서 열린우리당을 지지해 달라는 취지로 선거 관련 발언한 것을 불법 사전선거운동으로 규정했다. 아울러 이병완 청와대 홍보수석이 선거 중립의무 준수를 요청하는 선관위 결정에 대해 유감 표명한 것과 관련해 대통령이 "대한민국 대통령으로서 다른 나라 법률은 치켜세우고 대한민국 선거법은 '관권 선거 시대의 유물'로 폄하함으로써 자국의 헌정질서와 국법을 수호하고 지키려는 의지가 전혀 없음을 드러냈고 국헌과 국법 자체를 부인했다."고 주장했다.

둘째, 노 대통령이 자신과 측근들, 그리고 참모들의 권력형 부정부패로 인해 국정을 정상적으로 수행할 수 있는 최소한의 도덕적·법적 정당성을 상실했음을 탄핵사유로 삼았다. 최도술, 안희정, 이광재, 양길승, 여택수 등 대통령의 측근들이 줄줄이 불법 정치자금을 수수하고 각종 뇌물과 향응을 받은 것으로 확인됐고, 노 대통령은 이들의 비리 행위에 직·간접적으로 관여한 공범 관계에 있음이 검찰수사 과정에서 확인됐다고 주장했다.

셋째, 우리 경제가 세계적인 경기 호황 속에서도 이례적으로 미국보다 낮은 경제성장률에 머물러 있는 점에서 드러나

듯이 노 대통령이 국민경제와 국정을 파탄시켜 민생을 도탄에 빠뜨림으로써 국민에게 IMF 경제위기 때보다 더 극심한 고통과 불행을 안겨주고 있다면서 대통령의 실정을 탄핵사유로 주장했다.

노 대통령이 국회에서 탄핵당한 실제 이유에 대해 위 3가지와 달리 주장하는 의견도 있다. 2017년 박근혜 대통령 탄핵재판에서 박 대통령을 강력하게 변호했던 김평우 변호사(전 대한변협 회장)는 이렇게 정리했다.

"노 대통령 탄핵소추의 경우, 표면적으로는 공무원의 (선거) 중립의무 위반이다. 그러나 실제로는 고졸 출신, 그것도 상고 출신이 대법관 출신 엘리트 이회창 후보를 선거에서 누르고 대통령에 당선된 것부터 보수적인 우파 국회의원들의 자존심에 크게 상처를 냈다. 거기다가 노 대통령이 억센 경상도 사투리로 보수 성향 의원들이 듣기에 거북한 발언을 마구 쏟아낸 것도 탄핵 요인 중 하나였다. 툭하면 반미적인 발언을 하고 장인도 공산주의자라고 하니 사상도 의심스럽다고 보았다. 이런 복합적 이유로 노 대통령을 갈아치우고 새로 선거를 하자는 게 탄핵의 동기였다. 대통령의 학벌, 말버릇 등이 다수의 보수파 국회의원들과 안 맞으니까 쫓아내자는 다분히 신분, 지역 차별의 감정적인 탄핵소추였다."(김평우,『탄핵을 탄핵한다』)

헌법재판소의 탄핵재판 진행

　　헌법재판소의 탄핵재판은 2004년 3월 30일 1차 변론기일을 시작으로 4월 30일 마지막 변론에 이르기까지 7차에 걸쳐 진행됐다. 2004년 4월 20일 4차 변론기일에 최도술과 안희정에 대한 증인신문, 4월 23일 5차 변론기일에 여택수에 대한 증인신문이 있었다.

　변론 과정에서 대통령 측은 다음과 같은 주장을 했다.

　대통령에 대한 탄핵소추와 심판권의 행사는 권력분립의 원칙에 따른 견제와 균형의 테두리를 벗어나지 않도록 대단히 신중하게 이루어져야 한다. 헌법 제65조 제1항의 '그 직무 집행에 있어서 헌법이나 법률을 위배한 때'는 너무 모호하여 어떤 종류의 위법 행위를 어떻게 범해야 탄핵할 수 있다는 것인지 분명하지 않다. 헌법의 기본 질서와 가치, 그리고 권력기관들을 둘러싼 제도적·현실적 역학관계를 고려할 때, 대통령 탄핵사유는 '헌법의 기본 질서와 가치를 침해하였다고 볼 수 있을 정도의 중대하고도 명백한 헌법과 법률 위배'로 한정하는 것이 옳다고 주장했다.

　구체적인 탄핵사유에 대해서는 다음과 같은 취지로 주장했다.

　첫째 소추사유인 '선거법 위반'의 경우, 대통령은 정당 가

입이 허용되는 정치적 공무원으로서 공직선거법 제9조의 적용 대상이 아니고, 그렇지 않더라도 그 발언 내용들을 볼 때 공직선거법 위반으로 보기 어렵다.

둘째 소추사유인 '측근 비리'는 상당수가 취임 전의 일이고, 대통령이 이를 교사하거나 방조하는 등으로 가담한 일도 없으며, 그런 사실이 밝혀진 바도 없다. 따라서 대통령 탄핵 요건에 해당하지 않는다.

셋째 소추사유인 이른바 '국정 파탄'은 사실과 다를 뿐만 아니라 사실이라 하더라도 대통령의 정치적 무능력이나 정책 결정상의 잘못은 탄핵사유가 될 수 없는 사유이다.

이에 대해 탄핵을 소추한 국회 측에서는 다음과 같은 취지로 주장했다.

탄핵사유에는 공무원이 직무집행에 있어서 헌법이나 법률 조항에 위배한 행위뿐만 아니라 직무집행과 관련된 부도덕이나 정치적 무능력, 정책 결정상의 과오도 해당한다. 아울러 공무원이 직무집행에 있어서 헌법이나 법률을 위배한 '모든' 행위가 당연히 탄핵 대상이고, '중대한' 위반행위만 탄핵 대상이 되는 것은 아니다.

그러나 탄핵제도의 남용 방지를 위해 '중대한 위반행위'로 제한하는 것이 필요하다고 하더라도, 대통령이 헌법상의 의무를 위반하거나 대통령으로서의 직책을 불성실하게 수행하

는 것은 다른 위반행위와 달리 헌법이나 법률에 중대하게 위
배한 경우임이 명백하다. 한편 대통령의 취임 전 행위도 당
연히 탄핵 대상이 된다.

마지막으로, 대통령의 직무집행에 있어서의 헌법 또는 법
률 위반행위가 파면까지 가야 할 중대한 것인지 여부를 판
단할 권한은 국민이 직접 선출한 국회에 있다. 따라서 헌법
재판소의 심판 범위는 탄핵소추 절차의 합헌성·적법성 여부
와 탄핵소추된 구체적인 위반 사실이 존재하는지 여부에 한
정된다. 요컨대 대통령 파면을 위해 중대한 사유가 요구된다
하더라도 그 판단은 헌법재판소가 아닌 국회가 할 사항이다.
그러니까 헌법재판소는 탄핵소추 절차가 헌법이나 법률에
적합한지 형식적 사항만 심사하라는 주장이다.

헌법위반, 법률위반으로 인정된 3가지

헌법재판소가 노 대통령 탄핵 사건을 재판하는 동
안 2004년 4월 15일 총선이 있었다. 노 대통령의 열린우리당
이 총선 전 불과 47석에서 152석을 얻으며 단독으로 과반수
의석을 달성했다.

헌법재판소는 2004년 4월 30일 이 사건의 심리를 종결했

다. 그리고 같은 해 5월 14일 국회의 탄핵심판청구를 기각하는 결정을 선고했다. 결정문상 재판관 전원의 일치된 의견이었으나, 실제로는 재판관 3인의 반대의견이 있었다고 한다. 노 대통령을 파면하자는 취지였다.

우선 헌법재판소는 노 대통령의 헌법위반 또는 법률위반으로 3가지 사실을 인정했는데 첫 번째와 두 번째는 서로 연결된 사유이다. 헌법재판소는 첫째로 2004년 2월 18일과 2월 24일 있었던 대통령의 선거 관련 발언이 공무원의 선거에 있어서 정치적 중립을 규정한 공직선거법 제9조 위반임을 인정했다. 둘째로 위와 같은 대통령 발언에 대해 선관위가 선거법 위반을 지적하며 경고하자, 청와대 홍보수석이 유감을 표명하면서 현행 선거법을 '관권 선거 시대의 유물'로 표현한 것에 대해 대통령의 헌법수호 의무 위반으로 인정했다. 셋째로 노 대통령이 2003년 10월 13일 국회에서 재신임 국민투표를 제안한 것에 대해, 헌법 제72조에서 규정한 국가안위에 관한 '중요 정책'에 재신임 국민투표가 해당하지 않음에도 대통령이 이런 제안을 한 것은 헌법 제72조 위반이라고 인정했다.

그러나 헌법재판소는 국회가 주장한 다음과 같은 점들은 헌법위반이나 법률위반으로 인정하지 않았다. 2003년 4월 국회 인사청문회가 고영구 국가정보원장에 대해 부적격 판정했음에도 대통령이 수용하지 않은 것은 권력분립 위반이나 기타 헌법위반에 해당하지 않는다고 판단했다. 아울러 2003년 9월 국회가 행자부장관 해임을 의결했음에도 대통령이 수용하지 않은 것에 대해서도, 국회는 법적 구속력이 없는 해임 건의를 한 것에 불과하고 대통령을 구속하는 것은 아니라고 했다.

헌법재판소는 다음으로, 대통령의 측근 최도술이 기업으로부터 4,700만 원을 받았다는 부분이나 안희정이 10억 원의 불법 자금을 받았다는 부분 등에 대해서는 노 대통령이 자금 수수 행위 등을 지시, 방조했다거나 기타 불법적으로 관여했다는 점이 인정되지 않는다고 판단했다. 국회는 대통령이 국정 수행을 불성실하게 했다거나 경제를 파탄 나게 했다는 것도 탄핵사유로 삼았지만, 헌법재판소는 대통령이 성실하게 직책을 수행할 의무는 다음 선거에서 국민의 심판의 대상이 될 수 있을 뿐이고, 대통령의 정책 결정상의 잘못이나 정치적 무능력은 탄핵사유가 될 수 없는 사유라고 했다.

그런데 헌법재판소가 대통령의 헌법위반이나 법률위반으로 인정한 위 3가지를 보면, 전부 대통령의 발언이거나(선거 관련 발언, 재신임 국민투표 제안 발언), 대통령 홍보수석의 발언(관권 선거 시대의 유물 발언)이다. 발언이 탄핵의 근거가 된 것이고, 발언(즉 말)을 가지고 대통령에게 책임을 물은 것이다.

특히 '관권 선거 시대의 유물' 발언은 대통령의 발언도 아니고 대통령 홍보수석의 발언이었다. 헌법재판소는 이 경우에도 "모든 청와대의 입장은 원칙적으로 대통령의 행위로 귀속되어야 한다."라는 이유로 대통령 탄핵의 사유로 인정하고 책임을 물었다. 헌법재판소의 이런 논리가 향후 탄핵재판에서 선례로 작용한다면 대통령실 직원(예컨대 수석비서관이나 대변인 등)의 발언이 대통령의 탄핵·파면의 책임을 묻는 근거가 될 수도 있을 것이다.

다음으로 노 대통령의 국민투표 제안 발언에 대해 보면, 헌법재판소는 이미 2003년 11월 27일 결정에서 대통령의 국민투표 제안 행위는 법적 효력이 있는 행위가 아니라 단순한 정치적 계획의 표명에 불과하다는 이유로 헌법소원 청구를 각하한 일이 있다. 그런데 2004년 5월 14일 노 대통령 탄핵 사건에서는 이것을 대통령 탄핵의 사유로 인정했다. 대통령이 국민투표 실시를 제안했을 뿐이고 그 뒤 별다른 후속 조치도 없었고, 실제로 국민투표가 이루어진 것도 아니었다. 그러나 헌법재판소는 노 대통령이 국민투표를 제안하고 시도했다는 것만으로도 헌법위반을 인정했다. 이 결정이 향후 탄핵재판에서 선례로 작용한다면 대통령이 어떤 시도를 했지만, 그것이 무위에 그치거나 실패로 끝난 경우에도 헌법재판소가 헌법위반이나 법률위반으로 인정할 여지가 있다.

참고로 미국 대통령 탄핵의 경우에도, 대통령이 예컨대 반역을 시도했지만 그 반역이 실패로 끝난 경우에도 '반역, 뇌물, 그 밖의 중대한 범죄와 비행'의 대통령 탄핵의 사유에 해당한다는 것이 미국 〈의회 사무국 보고서〉의 결론이다.

대통령 탄핵·파면에 있어서 중대성 문제

헌법재판소는 대통령이나 청와대 수석의 발언에 대해 이렇게 3가지의 헌법위반(헌법수호 의무 위반과 헌법 제72조 위반) 또는 법률위반(공직선거법상 선거 중립의무 위반)을 인정하기는 했지만, 이 사건에서 이런 위반이 대통령을 파면할 만한 '중대한' 사유는 아니라고 판단했다. 즉 헌법위반이나 법률위반 같은 위반은 맞지만 '중대한' 위반에 해당하지는 않는다는 이유로 국회가 대통령을 파면해 달라는 청구를 기각한 것이다. 이에 따라 직무 정지 상태에 있던 노 대통령은 바로 직무에 복귀했다.

헌법재판소는 대통령을 임기 중 파면하기 위해서는 '중대한' 위반이 필요하다고 본 이유에 대해 다음과 같이 논증했다.

대통령이든 국무총리를 포함한 다른 고위공직자이든 헌법 제65조 제1항은 탄핵의 사유를 "직무집행에 있어서 헌법이나 법률을 위배한 경우"로 똑같이 정하고 있는데, 그렇다고 해서 직무수행에 있어서 어떤 위반행위라도 있기만 하면 대통령을 파면할 수 있다고 볼 수는 없다. 대통령은 국가의 원수이자 행정부의 수반이라는 막중한 지위에 있고 국민의 직접 선거에 의해 선출되어 민주적 정당성을 직접 부여받은 대의기관이다. 이런 점에서 대통령과 다른 탄핵 대상자와는 확연한 차이가 있다. 임기 중인 대통령을 파면한다는 것은, 국민이 선거를 통해 대통령에게 부여한 민주적 정당성을 다시 박탈하는 것으로 국정의 공백과 국가적으로 큰 손실을 불러온다. 아울러 대통령을 임기 중 파면하면 지지하는 국민과 반대하는 국민 간의 분열과 반목으로 인해 정치적 혼란을 가져올 수 있다. 대통령의 파면이 이런 중대한 결과(효과)를 가져온다면 대통령의 파면을 정당화하는 사유 역시 그만큼 중대성을 가져야 하는 것임은 당연하다.

요컨대 대통령을 탄핵·파면하려면 헌법이나 법률의 위반이 있기만 해서는 안 되고, 그 위반은 사소한 위반이 아니라 '중대한' 위반이어야 한다는 논리이다.

헌법재판소 결정의 해석

헌법재판소가 위에서 본 것처럼 대통령이나 수석비서관의 발언에 대해 3가지 헌법위반이나 법률위반을 인정하면서도 '중대한' 위반이 아니라는 이유로 대통령의 직무복귀를 결정한 것에 대해서는, 상당히 기교적이고 법 기술적이라는 비판들이 있다. 국회가 대통령을 '탄핵할 만한 사유'는 되지만 중대한 사유가 아니기 때문에, 헌법재판소가 대통령을 '파면할 만한 사유'는 되지 않는다는 식의 복잡한 논리가 필요하냐는 비판이다. 국회의 '탄핵사유'와 헌법재판소의 '파면사유'를 구분하고 구별할 아무런 이유도 근거도 없다는 것이고, 위반한 건 맞는데 위반이 '중대'하지 않아서 기각한다는 식의 논리보다는 임기 중의 대통령을 탄핵하고 파면할 만한 정당한 사유가 없다는 이유로 국회의 탄핵심판청구를 기각하면 충분하다는 의견이다.

사실 이런 비판도 상당히 일리가 있다. 다른 고위공직자도 아니고, 대통령제 국가에 있어서 국정운영의 중심에 있는 대통령을 임기 중 파면하려면 파면사유 자체가 무겁고 큰(즉 중대한) 사유라야 한다는 것은 당연하기 때문이다. 국회가 대통령을 탄핵할 사유는 되지만 그 사유에 '중대성'이 없으면 헌법재판소가 파면할 사유는 되지 못한다는 논리는 그래서 별로 설득력 있게 들리지 않는다. 특히 국회가 대통령에 대한 탄핵소추를 의결하면 헌법재판소의 파면 여부에 관한 결정이 있을 때까지 대통령의 권한 행사가 바로 정지된다는 점(헌법 제65조 제3항)을 고려해야 한다. 이렇게 국회의 탄핵소추 의결에 대통령의 권한 행사 정지라는 강력한 효과가 부여된다면, 이때 탄핵사유는 당연히 중대한 사유여야 하지 사소한 사유를 이유로 대통령의 직무 정지를 허용할 수는 없기 때문이다.

헌법재판소에는 재판소장을 포함해 9인의 재판관이 있다. 대통령의 파면 결정을 위해서는 그중 6인의 재판관이 파면에 동의해야 한다. 그런데 당시 재판관 중에서는 3인의 재판관이 노 대통령의 파면을 주장했다고 한다. 물론 3인의 재판관이 파면하자고 주장하더라도 나머지 6인으로 국회의 탄핵 심판청구 기각(즉 대통령 직무 복귀)의 결론을 내리는 데에는 아무런 문제가 없었다. 그러나 소수의견을 가진 재판관 중에는 소수의견을 결정문에 명시해야 한다고 주장하는 재판관들이 있어서 결정을 선고하는 2004년 5월 14일 당일까지 헌법재판소 내부에서 논란이 됐다고 한다. 노 대통령의 탄핵·파면을 주장하는 재판관들은 대통령의 탄핵을 무조건 꺼리는 일부 정서를 개탄하며, 중국 고사를 인용하면서 절대 군주주의 시대에도 왕이 잘못하면 단호하게 바꿨고 민주주의 국가에서도 잘못이 심각한 대통령이 있으면 끌어내릴 수 있는 것이고, 그래서 헌법에도 미리 정해둔 것이라고 했다. 당시 노 대통령을 탄핵·파면하자는 3인 재판관의 소수의견은 헌법재판소의 결정문에 담기지는 않았지만 어디엔가 보관되어 있다고 한다(이범준,『헌법재판소, 한국 현대사를 말하다』).

만일 당시 대통령을 탄핵·파면하자는 3인 재판관의 소수의견이 있었고 그 소수의견을 발표하려 했다는 것이 사실이라면, 대통령을 탄핵할 만한 아무런 사유가 없다고 하기보다는 탄핵할 사유는 사유대로 몇 가지를 인정하여 결정문에 남기되, 그 사유가 '중대하지 않다'라는 이유로 국회의 탄핵심판청구를 기각해서 대통령이 직무에 복귀하도록 하는 것을 묘수로 생각할 법 했던 것이다.

한편, 이 사건에서 헌법재판소가 대통령을 탄핵할 사유로 인정한 것 자체부터가 잘못된 결정이라는 비판도 있다. 대통령이 총선을 앞두고 2004년 2월 했던 선거 관련 발언이 국회의 탄핵소추의 직접적인 원인인데, 이에 대해 헌법재판소가 선거법상 정치적 중립 위반이라고 인정한 판단 자체가 큰 문제라는 것이다. 즉, 국가의 공무를 맡아서 단순히 수행할 뿐인 하급직 공무원과 정치적 리더십을 발휘하여 사회의 다양한 이해관계를 조정하고 국가정책으로 전환하여 추진하는 광범위한 정치적 역할을 수행하는 대통령을 헌법재판소가 구별하지 못하고, 대통령에 대해서도 똑같이 기계적인 중립을 요구하고, 대통령이 총선거를 앞두고 이런 정도의 정치적 발언도 하지 못하게 하면서 공직선거법 위반으로 대통령 탄핵의 사유가 된다고 인정한 것이야말로 법적 판단이 아니라 정치적 결정에 불과하다는 정치학계의 비판이다(최장집, 「민주주의와 헌정주의: 미국과 한국」).

헌법재판소 결정에 대한 평가

대통령의 탄핵·파면을 위해서는 대통령의 헌법위반이나 법률위반이 인정되는 것만으로는 부족하고, 그런 위반이 '중대'해야 한다는 헌법재판소의 논리에 대해서는 많은 헌법학자가 대체로 동의하는 분위기이다. 대통령 중심제 국가에서 국정운영의 중심에 있는 대통령을 탄핵제도를 통해 파면하는 것은, 그 자체로 중대한 일이므로 헌법이나 법률을 단순히 위반했다는 것만으로는 충분하지 않고 그 위반이 '중대해야' 한다는, 헌법재판소의 논리가 설득력이 있다고 보는 것이다.

헌법재판소가 이런 논리를 세울 수 있었던 것은, 미국이 대통령 탄핵의 사유로 앞서 본 대로 반역이나 뇌물, 그리고 이에 준하는 '중대한 범죄와 비행'을 든다는 점이 영향을 미친 것으로 보인다. 헌법재판소가 미국 연방대법원과 더불어 선진적 헌법재판을 한다고 평가하는 독일의 경우에도, 독일의 기본법(헌법)이 연방대통령 탄핵에 있어서 기본법(헌법)이나 연방 법률을 고의적으로 침해했을 것을 탄핵의 사유로 하는데, 독일 학계에서는 대통령의 위반행위가 사소한 위반에 그쳐서는 안 되고 중요한 위반행위여야 한다고 보고 있다. 독일뿐만 아니라 대통령 탄핵제도를 두는 많은 나라들이 대통령 탄핵의 사유와 다른 고위공직자의 탄핵사유를 구별하면서 대통령 탄핵의 경우 '대역죄'를 범했다거나 '중대한 헌법위반'을 요구하는 식으로 대통령의 탄핵사유를 엄격하게 규정하는 경우가 많다. 미국이나 독일 등 주요 국가의 대통령 탄핵에 관한 이런 법제와 실무가 '중대한' 위반이 필요하다는 헌법재판소의 논증에 상당한 영향을 주었을 것이다.

다음으로 생각해 볼 점은, 대통령 탄핵의 경우 사소한 위반 행위로 대통령을 파면하는 것은 곤란하고 '중대한' 위반행위로 평가할 만한 헌법위반이나 법률위반이 필요하다는 점에 공감하더라도 그런 '중대성'의 내용이 무엇인지, 또 '중대한지' 여부는 어떤 기준으로 판단하는지의 문제이다.

이 점에 관한 헌법재판소의 논리나 설명은 다음과 같다.

헌법재판소는 대통령 탄핵에 있어서 탄핵사유의 '중대성'

을 판단하는 기준과 내용을 탄핵제도의 본질(목적)에서 먼저 찾았다. 헌법재판소는 탄핵제도를 행정부와 사법부의 고위 공직자에 의한 헌법 침해로부터 헌법을 수호하고 유지하기 위한 제도라고 했는데, 이렇게 탄핵이 헌법의 수호와 유지를 본질로 하고 있다는 점에서 위반행위의 '중대성'은 헌법 질서를 수호한다는 관점에서의 중대성을 의미한다고 했다. 그렇다면 대통령의 위반행위가 헌법 질서를 파괴하거나 위협하는 정도가 크고 심각하다면 '중대하다'라고 평가될 것이다.

예를 들어, 대통령과 다른 탄핵 대상 공직자를 비교해 보면 해당 공직자의 경우 위반행위를 해도 그 효과는 자신이 맡은 업무 영역에 제한될 것이지만, 국정 전반에 대해 책임을 지고 영향력을 행사할 수 있는 대통령의 경우 위반행위의 영향 역시 국정 전반에 걸칠 정도로 광범위하고 영향의 정도 역시 심각할 수 있다. 이런 점에서 대통령이 나라의 헌법 질서에 미치는 긍정적 영향의 범위나 정도가 크고 깊을 수 있는 만큼 대통령의 위반행위로 인한 부정적이거나 파괴적 영향의 범위나 정도 역시 광범위하고 심각할 수 있다. 이런 경우 헌법 질서를 수호하고 회복하기 위해서 대통령을 대통령직에서 파면하여 제거할 필요성은 그만큼 커지는 것이다.

헌법재판소는 또한 탄핵사유의 '중대성' 논증에서, 우리나라 헌정질서의 핵심을 '자유민주적 기본 질서'라고 하면서 그것은 민주국가원리(즉 민주주의)와 법치국가원리(즉 법치주의)의 2가지로 구성되는데, 민주주의는 의회제도나 복수정당제도나 선거제도를 구성 요소로 하고, 법치주의는 인권의 존중과 권력분립, 사법권의 독립을 구성 요소로 한다고 밝힌 다음, 대통령이 이런 민주국가원리나 법치국가원리의 구성 요소들에 적극적으로 반하는 위반행위를 한 경우 대통령을 탄핵할 '중대성'이 인정된다고 했다. 대통령의 탄핵·파면의 기준으로 상당한 의미가 있는 기준으로 생각한다. 헌법재판소의 이 기준에 따르면, 대통령이 선거제도를 정면으로 부인하거나 권력분립 원칙이나 사법부의 독립을 정면으로 부인하고 침해하거나 공격하는 경우 대통령을 탄핵·파면할 '중대한' 사유가 존재한다는 결론이 되기 때문이다.

헌법재판소가 대통령의 탄핵·파면을 위해 탄핵사유의 '중대성'이 필요하다는 점에 관해 제시한 또 하나의 기준이 있다. 헌법재판소는 대통령이 국민의 직접 선거로 선출되어 국민에게서 민주적 정당성을 직접 부여받는다는 점에 주목했다. 대통령이 국민의 직접 선거로 선출되어 민주적 정당성을 부여받았다는 이런 관점에서 볼 때, "대통령에게 부여한 국민의 신임을 임기 중 다시 박탈해야 할 정도로 대통령이 위반행위를 통해 국민의 신임을 저버린 경우에 한하여 대통령에 대한 탄핵사유가 존재하는 것"으로, 헌법재판소가 판단했기 때문이다. 국민이 선거를 통해 대통령에게 신임을 부여했는데 대통령이 국민의 이런 신임을 배반한(저버린) 경우, 국민이 탄핵제도를 통해 부여한 신임을 박탈(또는 회수)하는 것이 가능하다는 의미일 것이다.

그런데 문제는 대통령의 어떤 행위가 헌법위반이나 법률위반에 해당하는지는 헌법 원칙이나 규정, 법률의 규정 등을 보면서 따지기가 비교적 수월할지 모르지만, '대통령이 국민의 신임을 배반했는지' 여부는 생각보다 판단하기가 쉽지 않다는 점이다. 누가 그런 판단을 하는지도 문제이다. 이런 점에서 헌법재판소가 이런 애매한 기준으로 대통령의 파면 여부를 결정하겠다는 것은, 헌법재판소가 정치적 판단을 하겠다는 것에 지나지 않는다는 비판들이 제기됐다.

노무현 탄핵의 의미

노무현 대통령 탄핵의 의미는 다른 대통령 탄핵 사건과 비교해 보면 그 의미가 보다 선명하게 부각될 수 있으므로 먼저 살펴본다. 일부에서는 노무현 대통령 탄핵은 국민 다수의 뜻에 역행한 잘못된 탄핵이고, 박근혜 대통령 탄핵은 국민 다수의 뜻에 맞는 탄핵이라고 의미 부여하는 의견들이 있다. 『나쁜 권력은 어떻게 무너지는가-탄핵의 정치학』을 쓴 정치평론가 이철희는 노 대통령 탄핵에 대해 당파적 탄핵, 박 대통령 탄핵에 대해 대중적 탄핵으로 의미 부여했다. 당파적 탄핵은 말 그대로 정략적 목적에서 추진되고 당파적 지지를 넘어서지 못한 탄핵을 뜻하는데 노무현 대통령 탄핵의 경우 이런 탄핵이고, 탄핵이 정치적 무기로 사용된 탓에 국민적 저항에 직면해 실패했다고 평가했다. 미국 대통령 탄핵 중에서는 1868년 앤드루 존슨 대통령 탄핵이 이런 당파적 탄핵이라는 것이다. 반면 대중적 탄핵은 의회가 탄핵을 시도하든 그렇지 않든 간에 대중이 자신의 힘으로 대통령을 축출하는 탄핵이다. 대중적 탄핵에서는 대중 시위가 대통령 축출에 핵심적 역할을 하는데, 촛불집회가 선도한 박근혜 대통령 탄핵이 이런 대중적 탄핵에 해당하고 결국 성공했다는 것이다.

사실 노무현 대통령 탄핵의 경우, 새천년민주당과 한나라당이 노 대통령에 대해 선거를 앞두고 일체 선거 관련 발언하지 말라고 하면서 기존 발언에 대해 사과를 요구하고 탄핵하겠다고 위협하다가 대통령이 사과를 거부하자, 다음 날 바로 국회에서 탄핵소추를 의결한 과정을 보면 다분히 감정적·즉흥적 탄핵소추로 보인다. 2004년 3월 중순의 일이었으니 4월 15일 총선을 불과 한 달 앞둔 회기 말 국회가 임기 5년 대통령의 임기 초반에 대통령을 탄핵한 것이었다. 아울러 국회가 탄핵을 소추한 날 주요 언론의 여론조사 결과로는 탄핵 반대 여론이 모두 70%를 넘었음에도 국회는 국민의 뜻에 아랑곳하지 않고 대통령을 탄핵한 셈이었다.

그런데 노무현 대통령 탄핵과 박근혜 대통령 탄핵에 대해 이런 당파적 탄핵이냐 대중적 탄핵이냐는 의미 부여, 또는 실패한 탄핵이냐 성공한 탄핵이냐는 의미 부여를 하기 전에 탄핵의 사유라는 면에서 비교해 볼 필요가 있다. 과연 대통령을 탄핵하고 파면까지 할 만한 정당한 사유가 있었는지의 관점이다.

사실 노무현 대통령 탄핵 사건은 우리나라에서 대통령이 탄핵된 첫 번째 사건이기 때문에 대통령이 어떤 경우에 대통령직에서 파면될 수 있는지 기준이 되고 선례가 될 수밖에 없는 사건이다. 그런 점에서 헌법재판소가 이 사건에서 대통령의 헌법위반이나 법률위반이 중대해야 파면 가능하다고 하고, 중대한지 그렇지 않은지를 판단하는 기준으로 헌법수호라는 관점에서 중대성이 있어야 하고, 또 국민의 신임을 저버려 중간에 그 신임을 박탈한다는 관점에서 중대성이 있어야 한다는 기준을 설정한 것은 상당한 의미가 있다.

그러나 이런 기준에 의하더라도 도대체 어떤 경우에 위반이 '중대'하고 대통령 파면이 가능하다는 것인지 여전히 뜬

구름 잡는 것 같고 명확하지 않다. 대통령의 위반행위가 '중대'해야 파면이 정당하다는 논리는 충분히 수긍이 가더라도, 헌법을 수호한다는 관점에서 볼 때 중대해야 하고 국민 신임을 배반했다는 관점에서 중대해야 한다는 기준으로 판단하기 전에 위반행위 자체의 '중대성'부터 살펴보는 것이 논리적이고 자연스러운 판단의 순서일 것이다. 우선 헌법위반이나 법률위반이라는 위반행위 자체가 '중대'해야 하는 것이다. 행위 자체가 중重하고(무겁고) 영향이 커야大 하는 것이다. 이렇게 위반행위 자체의 중대성重大性을 따진 다음에 그것이 헌법수호의 관점에서 볼 때 중대한지, 국민 신임 배반의 관점에서 볼 때 중대한지를 판단하는 것이 논리적이고 자연스러운 판단의 순서이다.

이 사건에서 보면, 노무현 대통령이 국민을 상대로 총선에서 열린우리당을 좀 도와주고 지지했으면 좋겠다는 취지의 발언을 2004년 2월 18일과 2월 24일 두 번에 걸쳐서 한 일, 그 일에 대해 선관위가 경고하자 홍보수석이 현행 선거법이 과거 관권 선거 시대의 유물로 너무 엄격해 개정이 필요하다는 취지로 말한 일, 그리고 대통령이 재신임을 묻는 방법으로 국민투표도 검토해 볼 만하다고 국회에서 제안한 일이 그 자체로 대통령을 파면할 만큼 중대한 사유여야 한다는 말이다.

그런데 노 대통령의 이런 위반행위가 그 자체로 중대한지는 다른 대통령 탄핵 사건의 위반행위와 경중을 비교할 때 보다 선명하게 부각되므로 살펴본다. 2017년 헌법재판소가 박근혜 대통령 탄핵 사건에서 인정한 위반행위 중에, 대통령의 지위와 권한을 이용해 기업들에 출연을 요구함으로써 박 대통령이 자신의 측근 최순실이 운영할 재단법인 미르와 케이스포츠를 설립하도록 지시하여 대한민국 국민 전체가 아니라 최순실을 비롯한 극히 일부에 대한 봉사자처럼 행위하고 해당 기업들의 재산권이나 기업경영의 자유라는 기본권을 침해했다고 인정한 사유가 있다. 이것과 앞서 본 노 대통령의 위반행위를 비교해 보면, 노 대통령의 위반행위는 상대적으로 경미한 사유로 판단되는 것이다.

헌법재판소는 노 대통령 탄핵 사건에서, 대통령의 특정 정당(열린우리당) 지지 발언에 대해 국가조직을 이용해서 관권 개입을 시도한 것이 아니고 적극적·능동적·계획적으로 이루어진 것이 아니라 기자의 질문에 대해 소극적·수동적·부수적으로 이루어져서 헌법수호의 관점에서 별 중대성이 없다고 판단했다. 그러나 노 대통령의 열린우리당 지지 발언이 계획적, 능동적, 적극적으로 한 것인지 그렇지 않은지가 노 대통령 탄핵사유의 '중대성' 여부를 결정할 일은 아니라고 생각한다. 헌법재판소가 언급한 '자유민주적 기본 질서'에 입각한 헌법수호의 관점에서 따진다면, 대통령의 발언이 선거

제도의 공정성, 중립성을 크게 흔들어서 대의민주주의의 작동을 방해하거나 상당한 지장을 초래하는 경우라야 대의민주주의를 근간으로 하는 헌법 질서 수호를 위해 대통령을 탄핵·파면해야 한다는 논리가 비로소 성립할 것이기 때문이다.

마지막으로 노 대통령 탄핵 사건에서 헌법재판소는 미국 연방헌법이 '반역, 뇌물, 그 밖의 중대한 범죄와 비행'으로 탄핵사유를 유형화한 것처럼 현직 대통령의 파면을 정당화할 만한 위반행위의 유형을 예를 들어 설명한 부분이 있으므로 살펴본다. 헌법재판소는 "대통령이 헌법상 부여받은 권한과 지위를 남용하여 뇌물수수, 공금의 횡령 등 부정·부패행위를 하는 경우, 공익실현의 의무가 있는 대통령으로서 명백하게 국익을 해하는 활동을 하는 경우, 국가조직을 이용하여 국민을 탄압하는 등 국민의 기본권을 침해하는 경우, 선거의 영역에서 국가조직을 이용하여 부정선거운동을 하거나 선거의 조작을 꾀하는 경우"에 더 이상 대통령에게 국정을 맡길 수 없을 정도에 이른다는 기준을 제시했다. 상당히 의미가 있는 기준이라고 생각하는데, 이렇게 헌법재판소가 대통령을 파면할 만한 사유로 예시한 유형들은 앞서 본 닉슨 대통령 탄핵 사건을 비롯한 미국의 대통령 탄핵 사례에서 상당 부분 참고한 것으로 보인다.

8장
박근혜 대통령 탄핵

박근혜와 청와대

1952년 2월 2일 대구에서 태어난 박근혜는 아버지 박정희가 대통령에 당선된 후 1963년부터 청와대에 살았다. 1974년 8월 15일 광복절 기념식에서 어머니 육영수 여사가 문세광이 쏜 총탄에 사망하자 퍼스트레이디 역할도 했다. 청와대는 박근혜가 어린 시절과 청춘을 보낸 공간이었다. 그런데 1979년 10월 26일 박정희가 김재규 중앙정보부장의 총탄에 갑자기 운명했다. 박근혜의 청와대 17년 생활은 그렇게 끝나가고 있었다.

1979년 12월 12일 보안사령관 전두환이 12·12 군사 쿠데타를 일으켰다. 실권자가 된 전두환은 통일주체국민회의 선거를 통해 대통령이 됐다. 박근혜는 그 무렵 청와대를 떠나 1997년 11월 대한민국이 IMF 외환위기를 겪고 정계에 복귀할 때까지 잊힌 존재로 살았다. 권력자였던 아버지가 졸지에 사망하자 아버지에게 충성을 맹세했던 많은 사람들이 배신하는 것도 지켜보았다. 인고의 세월이었다.

박근혜가 그렇게 어려웠던 시절, 최태민과 그의 딸 최순실은 박근혜를 도왔다. 최순실은 박근혜와 자매처럼 가까운 사이였다고 한다.

돌아온 박근혜

1997년 11월 대한민국이 외환위기를 당했다. 환율은 천정부지로 올랐고 기업들은 도산했다. 많은 직장인들이 직장에서 해고됐다. 대한민국이 위기에 빠졌던 이때 한나라당은 박근혜를 선거대책위원회 고문으로 영입했다. 1998년 4월 실시 예정이었던 재·보궐선거 4개월 전, 1997년 12월 10일의 일이었다. 일주일 뒤 12월 18일에는 15대 대통령 선거가 있었다. 한나라당 이회창 후보가 기호 1번, 새정치국민회의 김대중 후보가 기호 2번으로 나온 선거였다. 결과는 야당 김대중 후보가 40.27%, 여당 이회창 후보가 38.74% 득표해 불과 1.53% 차이로 김대중 후보가 간신히 이겼다. 득표수로는 390,557표 차이였다. 대한민국이 1987년 민주화를 이룩한 이래 최초의 정권교체를 이룬 선거였다. 한나라당은 한 달 전인 1997년 11월 21일 신한국당과 통합민주당이 신설 합당으로 창당해 만든 당이었다.

박근혜는 몇 달 뒤 1998년 4월 대구 달성 보궐선거에 한나라당 후보로 출마했다. 새정치국민회의 후보로 나온 엄삼탁이란 거물과 맞붙었다. 비록 정치 신인이었지만 유세장마다 엄청난 인파를 동원하면서 25%의 득표 차이로 압승했다. '선거의 여왕'이란 박근혜에 대한 찬사는 이때부터 시작됐다. 그해 6월 지방자치단체 선거와 7월 재·보궐선거가 연달아 있었다. 한나라당 후보들은 앞다투어 박근혜의 지원 유세를 요청했다. 서울 종로에 입후보한 노무현 후보가 한나라당 후보를 누르고 국회의원에 당선된 선거도 이 선거였다.

2002년 12월 19일 16대 대통령 선거가 있었고, 한나라당 이회창 후보가 기호 1번으로 다시 대선에 도전했다. 이번에 상대는 노무현이었다. 그러나 이회창 후보는 46.58% 득표에 그쳐서 48.91%를 득표한 기호 2번 새천년민주당 노무현 후보에게 패배했다. 노무현 대통령의 참여정부가 들어선 뒤 검찰의 대선 자금 수사가 시작됐다. 이때 한나라당은 '차떼기 정당'이란 오명을 썼다. 대선 자금으로 기업에서 800억 원이 넘는 돈을 받았는데 몇백억 원이 넘는 돈이 실린 차량을 차째로 넘겨받았다는 창의적인 수법이었다. 한나라당은 존폐 위기까지 갔다.

이때 한나라당은 박근혜를 구원 투수로 모셨다. 2004년 3월 23일 임시 전당대회를 통해 당 대표로 선출했다. 박근혜는 여의도 공터에서 천막 당사를 치고 국민에게 개혁을 약속했다. 한나라당과 새천년민주당이 노무현 대통령 탄핵을 추진했다가 여론의 역풍을 맞고 있는 때였다. 2004년 4월 15일로 예정된 17대 총선도 코앞에 있었다. 17대 총선에서 한나라당과 함께 노 대통령 탄핵을 추진했던 새천년민주당은 총선 전의 59석에서 총선 후 9석으로 폭망했다. 이에 비하면 한나라당이 총선 전 139석에서 총선 뒤 121석을 지킨 것은 선전한 것이었다. 노 대통령의 열린우리당은 불과 47석에서 152석으로 급등하여 국회 단독 과반을 차지하는 정당이 됐다. 민심은 한 달 전 노 대통령 탄핵을 밀어붙인 새천년민주당과 한나라당을 선거를 통해 심판하고, 노 대통령의 열린우리당에게 힘을 실어줬다.

두 번의 대통령 선거

박근혜는 2007년 12월 치르는 대통령 선거에 한나라당 후보로 유력했다. 그러나 서울시장 이명박이란 강적을 만났다. 2005년만 하더라도 이명박의 지지율은 별로였다. 그러던 이명박이 2005년 10월 청계천 복원 공사를 완성하자 그 뒤 지지율이 오르기 시작했고, 박근혜를 완전히 제치는 지지율이 나오기 시작했다. 이런 와중에 치른 2007년 8월 한나라당 대선 후보 경선에서 이명박에게 대선 후보 타이틀을 내주었다. 불과 3,000표 차이로 패배의 눈물을 삼켰다.

당시 한나라당 대선 경선에서 이명박 캠프는 박근혜 후보에 대해 박 후보가 당선되면 최태민 목사에 의한 국정농단의 가능성이 있다면서 공격했다. 박근혜 캠프에서는 이에 대해 이명박 후보의 도곡동 땅 문제나 BBK 의혹 등을 제기하면서 이 후보가 나중에 형사 책임을 질 수 있음을 경고했다. 이런 의혹 제기들은 몇 년 뒤 다시 문제가 됐고, 두 사람 모두 형사처벌을 받았으니 완전한 사실무근의 의혹 제기는 아니었던 셈이다.

당내 경선에서 탈락해 대통령 후보로도 나오지 못한 박근혜는 절치부심했다. 와신상담한 박근혜는 5년 뒤 2012년 대통령 선거에서는 무난하게 새누리당 후보가 됐다. 새누리당은 2012년 2월 종전의 한나라당에서 당명을 바꾼 정당이다. 박근혜는 민주당 문재인 후보와 겨룬 18대 대통령 선거에서 51.55%를 득표하여 민주화 이래 최초로 과반 득표에 성공한 대통령 당선자로 이름을 올렸다.

세월호 사건과 최순실의 등장

2014년 4월 16일 인천에서 제주도로 가던 청해진해운 소속 여객선 세월호가 전라남도 진도 인근 해상에서 전복됐다. 구조는 지체됐고 선박은 침몰했다. 수학여행을 가던 안산 단원고 학생 325명을 포함해 476명 중 300명가량이 구조받지 못해 목숨을 잃었다.

선박의 무리한 증·개축과 과적, 급변침, 선장과 항해사의 판단 착오와 늦장 대응, 사고 후 가만히 있으라는 비상식적인 안내 방송, 정부의 잘못된 초동 대처 등이 빚은 최악의 해난 사고라는 평가였다. 사고 직후 박근혜 대통령의 석연찮은 7시간 행보와 피해자와 유가족들이 겪은 부당한 대우 등은 그 뒤 박근혜 정권 내내 짐이 됐다.

2016년 7월 이화여자대학교가 '미래라이프대학'이라는 새로운 단과대학 설립을 추진하자 학생들이 반발하면서 학교

본관을 점거하고 농성을 벌이는 사태가 일어났다. 점거 사태 중에 경찰이 진입하여 농성 중인 학생들을 강제로 해산시켰다. 총장이 경찰에 요청한 사실이 나중에 밝혀지고, 반대 여론에 견디지 못한 총장은 단과대학 설립을 백지화했다. 그런데 그런 와중에 박 대통령의 비선 실세로 알려진 최순실의 딸 정유라가 이화여대에 부정 입학했다는 의혹이 제기됐다. 입학 후 수업에 전혀 출석하지 않았는데도 출석으로 인정되고 학점도 제대로 취득했다는 다른 의혹도 추가로 제기됐다. 이런 의혹들은 결국 특검의 수사선상에 오르게 된다(이준일, 『촛불의 헌법학』).

최순실의 태블릿 PC 폭로

2016년 10월 24일 박근혜 대통령은 국회 예산안 시정연설에서 헌법 개정을 전격적으로 제안했다. 박 대통령이 대통령 임기를 약 1년 4개월 남긴 시점이었고 대통령 지지율이 낮아지고 있던 시점에 급작스럽게 던져진 개헌 카드였다.

그런데 그날 저녁 JTBC가 최순실의 태블릿 PC를 특종 보도했다. 최순실의 태블릿 PC에서 박근혜 대통령의 연설문이나 미공개 정부 문서, 해외순방 일정 자료 등이 다수 발견됐고 최순실이 비밀리에 국정에 개입해 왔다는 내용이었다. 충격적인 내용이었다. 이것 때문에 대통령이 개헌 추진을 선언했나 생각한 사람이 많았다.

다음 날 박 대통령은 대국민 사과에 나섰다. 과거 자신이 어려움을 겪었을 때 최순실이 도와준 인연으로 지난 대통령 선거 때 연설이나 홍보 등 분야에서 자신의 선거운동이 국민에게 어떻게 전달되는지 의견이나 소감을 전달해주는 역할을 했다고 말했다. 취임 후에도 일정 기간 도움을 받기는 했지만 청와대의 보좌체계가 완비된 후에는 그만두었다고도 했다. 박 대통령답지 않은 대단히 신속한 사과였다.

박 대통령의 이 한마디로 그동안 베일에 가려져 있던 최순실의 존재가 사실로 확인됐다. 박 대통령이 꺼내든 개헌 카드는 하루 만에 날아갔다. 사람들이 분노하기 시작했고 그 분노는 청와대와 대통령을 향했다. 그날부터 뉴스는 최순실 관련 뉴스로 도배가 됐다.

일련의 사태는 최순실 게이트로 불렸다. 비선 실세 최순실이 박근혜 정부의 국정에 개입했다는 것, 미르재단, K스포츠 재단의 설립에 관여하여 그 재단을 사유화했다는 것, 딸 정유라가 학교 입학이나 학점 취득에서 특혜를 받았다는 것 등을 포함한 일련의 광범위한 의혹에 관한 사건이었다.

보수, 진보를 가리지 않고 언론은 최순실 게이트를 비선 실세의 국정농단 사건으로 규정했다. 농단壟斷은 이익이나 권리를 독차지함을 의미하는데 국정농단國政壟斷은 나라의 정치를 좌지우지하고 이익이나 권리를 독차지함을 뜻한다. 보수언론과 진보언론이 한목소리로 새로운 사실들과 의혹들을 보도하는 진기한 현상이 이어졌다. 많은 의혹이 나중에 사실로 밝혀졌다. 신문사들의 특종 보도는 물론이고 JTBC를 비롯한 종편들이 사건 초기부터 큰 역할을 했다. 사람들의 관심은 온통 최순실 게이트에 집중됐다.

대통령의 신속한 사과에도 불구하고 사태는 진정되지 않았고, 사람들은 대통령 사과의 진정성마저 의심했다. 2016년 10월 26일 서강대와 이화여대를 시작으로 박 대통령의 하야를 요구하는 대학가의 시국선언이 이어졌다. 10월 29일부터는 전국 각지에서 대통령 퇴진 시위가 열렸다. 정치권에서는 대통령의 하야, 2선 후퇴와 개헌, 탄핵 등 다양한 조기 퇴진 방안들이 거론되기 시작했다.

독일에 머물던 최순실은 2016년 10월 30일 전격적으로 귀국했다. 바로 구속됐고 검찰의 수사가 시작됐다. 매 주말 도심에서는 대규모 촛불집회가 열렸고 점점 더 많은 사람이 촛불집회로 모이기 시작했다. 모인 사람들이 대통령의 퇴진을 요구하기 시작했다.

대통령은 2016년 11월 4일 두 번째로 사과했다. "내가 이

러려고 대통령을 했나"라고 하면서, 진상과 책임 규명에 최
대한 협조하고 필요하면 대통령이 검찰의 조사는 물론이고
특별검사의 수사까지도 받겠다고 약속했다. 하지만 촛불은
잦아들지 않았다.

박근혜 대통령 탄핵소추

　　2016년 11월 14일 더불어민주당은 박근혜 대통령
의 2선 후퇴 후 거국내각을 요구하기로 했던 당론을 폐기하
고 박 대통령의 퇴진을 요구하는 당론을 확정했다. 여야 3당
원내지도부는 야당이 추천하는 특검을 실시하기로 합의했
다. 11월 17일 국회는 '박근혜 정부의 최순실 등 민간인에 의
한 국정농단 의혹 사건 규명을 위한 특별검사의 임명 등에
관한 법률(일명 국정농단특검법)'이란 정말 긴 이름의 법률을 본
회의에서 통과시켰다. 일사천리였다.

　한편 검찰은 11월 20일 최순실이 박 대통령과 공모하여 직
권남용과 강요 등의 범죄를 저질렀다며 공소를 제기했다. 그
러자 청와대는 정치검찰의 수사 결과를 도저히 받아들일 수
없다며 반발했다. 헌법 절차에 따라 이번 논란을 매듭짓고
차라리 탄핵하라는 태도로 나왔다. 11월 21일 야 3당은 공동

으로 대통령 탄핵을 추진하기로 하고 탄핵 추진을 당론으로 확정했다.

박 대통령은 2016년 11월 29일 3차 대국민 담화에서, 임기 단축을 포함한 진퇴 문제를 국회의 결정에 맡기겠다고 했다. 여야 정치권이 논의하여 국정의 혼란과 공백을 최소화하고 정권을 이양할 방안을 만들어 주면 그 일정과 법 절차에 따라 물러나겠다고 했다.

그러자 정치권에서는 탄핵소추 발의와 의결을 주춤했다. 대통령이 자진해서 물러나겠다는데 탄핵을 추진할 명분이 없었던 것이다. 하지만 대국민 담화를 대통령의 탄핵을 피하기 위한 꼼수로 규정한 야당은 다시 탄핵을 추진했고, 주저하던 여당 의원 중 상당수가 동조했다.

국회에서 박 대통령에 대한 탄핵소추안이 결국 12월 3일 발의됐고 12월 9일 의결됐다. 그날 한국갤럽이 발표한 여론조사에 따르면 대통령 탄핵 찬성이 81%, 반대가 14%였다. 국회에서 재적의원 300명 중 234명의 찬성으로 탄핵소추가 의결됐는데 여론조사 결과와 거의 비슷했던 셈이었다.

국회는 대통령 탄핵의 사유로 헌법위반 5가지, 법률위반 8가지를 제시했다. 헌법위반 사유를 보면 ① 박 대통령이 최순실 등의 국가정책과 인사 관여를 허용하고 그들의 사익 추구를 위해 기업들에 수백억 원을 갹출하도록 강요하는 등으로 국민주권주의, 대의민주주의의 본질을 훼손하고 비선조직에 따른 인치주의를 행하여 법치주의를 위반했다는 점, ② 문화체육관광부 노태강 전 국장, 진재수 전 과장 등 공무원들의 신분을 자의적으로 박탈하여 직업공무원제도의 본질을 침해하고 공무원 임면권을 남용했다는 점, ③ 최순실 등을 위해 사기업에 금품 출연을 강요하여 뇌물을 수수하거나 특혜를 주도록 강요하고 사기업 임원 인사에 간섭함으로써 기업의 재산권과 직업선택의 자유를 침해하고 경제질서에 관한 규정을 위반했다는 점, ④ '정윤회 문건'을 보도한 세계일보 사장의 해임을 지시 또는 묵인함으로써 언론의 자유를 침해했다는 점, ⑤ 세월호 참사와 같은 국가적 재난 상황에서 국민의 생명과 안전 보호를 위한 적극적인 조치를 취하지 않았다는 점 등이었다. 법률위반 사유로는 재단법인 미르, 재단법인 K스포츠의 설립·모금 관련해 뇌물죄가 성립하는 등 각종 범죄행위에 해당한다는 내용이었다.

헌법재판소의 탄핵재판 진행

　　　　박 대통령에 대한 탄핵재판은 준비절차 기일이 3번, 변론기일이 17번에 걸쳐서 진행됐다. 2016년 12월 22일, 27일,

30일, 3번의 변론 준비절차 기일이 있었고, 변론기일은 2017년 1월 3일부터 시작해서 2월 27일 변론이 종결될 때까지 17번 기일이 진행됐다.

2017년 1월 3일 박근혜 대통령이 출석하기로 되어 있었으나 예상대로 출석하지 않았다. 1월 10일 기일에는 이 사건의 핵심 증인 최순실, 안종범(경제수석비서관), 정호성(청와대 비서관)이 출석하기로 되어 있었으나 모두 불출석했다. 최순실과 안종범은 1월 16일 5차 기일에 출석해 증언했다. 최순실은 자신에 대한 모든 범죄 혐의를 부인하면서 어떤 이득이나 이권도 취하지 않았다고 했다. 안종범은 경제수석비서관으로 있으면서 박근혜 대통령의 지시 등을 업무수첩에 깨알같이 전부 메모한 '안종범 수첩'으로 유명한데, 미르와 K스포츠 재단이 청와대 주도로 설립된 것은 맞지만 전경련에게 그 설립을 지시한 바는 없다고 증언했다. 1월 19일에는 정호성이 나와서 증언했고, 대통령 비서실장 김기춘은 2월 7일과 2월 20일 모두 불출석하여 증언이 불발됐다. 2월 27일 이 사건 17차 기일에 최종 변론이 있었다. 박 대통령을 대리한 13명의 변호사가 5시간에 걸쳐서 변론했다. 박 대통령은 출석하지 않은 채 한 변호사가 서면 진술을 대독했다. 최순실은 국정을 농단한 비선 실세가 아니라 단지 오랫동안 알고 지낸 인연으로 연설문의 표현이나 고쳐주던 사람이고, 미르와 K

스포츠 재단 설립은 선의로 시작한 일인데 사리사욕을 채우려는 주변 사람들 탓에 선의가 왜곡됐다고 했다(이준일, 『촛불의 헌법학』).

대통령의 헌법위반과 법률위반

헌법재판소는 2017년 3월 10일 "피청구인 박근혜를 파면한다."라는 주문을 선고하고 박 대통령 탄핵재판을 종결했다.

이 사건에서 헌법재판소는 1) 공익실현 의무 위반 2) 기업의 자유와 재산권 침해, 3) 국가공무원법상 비밀엄수의무 위반의 3가지를 대통령의 헌법위반 또는 법률위반으로 인정했다. 구체적 내용은 다음과 같다. 여기서 핵심 인물은 박 대통령의 측근이자 비선 실세로 알려진 '최순실'인데, 아래 헌법재판소의 결정문에는 개명된 이름 '최서원'으로 표기되어 있다.

1) 공익실현 의무 위반의 점

헌법재판소는 우선 다음 사실을 인정했다.

박 대통령이 ① 최서원(최순실)이 추천한 인사를 다수 공직에 임명했고 이렇게 임명된 일부 공직자는 최서원의 이권 추구를 돕는 역할을 한 점, ② 대통령이 청와대 경제수석비서관 안종범에게 지시하여 사기업으로부터 재원을 마련하여 재단법인 미르와 케이스포츠를 설립하도록 하고, 대통령의 지위와 권한을 이용하여 기업들에 출연을 요구한 점, ③ 최서원이 추천하는 사람들을 미르와 케이스포츠 재단의 임원진이 되도록 하여 최서원이 두 재단을 실질적으로 장악할 수 있도록 했다는 점, 그 결과 최서원은 자신이 실질적으로 운영하는 플레이그라운드와 더블루케이를 통해 위 재단을 이권 창출의 수단으로 활용할 수 있었던 점, ④ 기업에 대해 특정인을 채용하도록 요구하고 특정 회사와 계약을 체결하도록 요청하는 등으로 대통령의 지위와 권한을 이용해 사기업 경영에 관여한 점, ⑤ 스포츠클럽 개편과 같은 최서원의 이권과 관련된 정책 수립을 지시했고, ⑥ 롯데그룹으로 하여금 5대 거점 체육 인재 육성사업을 위한 체육시설 건립과 관련해 케이스포츠에 거액의 자금을 출연하도록 했다는 점이다.

헌법재판소는 이런 사실을 바탕으로 "대통령의 이러한 일련의 행위는 최서원(최순실) 등의 이익을 위해 대통령의 지위와 권한을 남용한 것으로" 공정한 직무수행이라 할 수 없고, 헌법 제7조 제1항, 국가공무원법 제59조, 공직자윤리법 제2조의2 제3항, 부패방지권익위법 제2조 제4호 가목, 제7조를 위반했다고 인정했다.

여기서 헌법위반은 "공무원은 국민 전체에 대한 봉사자이

며 국민에 대하여 책임을 진다."라는 헌법 제7조 제1항 위반
이라는 것이다. 헌법재판소가 인정한 사실에 따르면, 박 대통
령은 대한민국 국민 전체가 아니라 최순실(최서원)을 비롯한
극히 일부에 대한 봉사자인 것처럼 정책과 업무를 추진하고
수행했다는 것이다.

2) 기업의 자유와 재산권 침해

헌법재판소는 대통령이 ① 직접 또는 경제수석비서관 안
종범을 통해 대기업 임원 등에게 재단법인 미르와 케이스포
츠에 출연할 것을 요구한 점, ② 사기업인 롯데그룹에 최서
원(최순실)의 이권 사업과 관련 있는 하남시 체육시설 건립
사업 지원을 요구했고, 안종범으로 하여금 사업 진행 상황을
수시로 점검하도록 한 점, ③ 사기업인 현대자동차그룹에 최
서원의 지인이 경영하는 회사와 납품 계약을 체결하도록 요
구한 점, ④ 사기업인 케이티에 최서원과 관계있는 인물의
채용과 보직 변경을 요구한 점, ⑤ 사기업인 포스코에 스포
츠팀 창단 및 더블루케이와의 계약 체결을 요구했다는 점을
인정했다.

헌법재판소는 이런 사실을 바탕으로 대통령이 해당 기업
들의 재산권과 기업경영의 자유를 침해했다고 인정했다. 헌
법 제15조와 제23조 위반 또는 침해라는 취지로 기본권 침해
를 인정한 것이다.

3) 비밀엄수의무 위반

이 부분은, 대통령의 지시와 묵인에 따라 정호성 청와대 비서관이 최서원(최순실)에게 대통령의 일정·외교·인사·정책 등에 관한 많은 문건이 유출된 것은 국가공무원법 제60조의 비밀엄수의무 위반이라는 것이다. 국가공무원법이라는 법률의 위반을 인정한 것이다.

박근혜 대통령을 파면할 것인지

헌법재판소는 위와 같은 사실인정 후 박근혜 대통령을 파면할 것인지에 대해 다음과 같이 판단했다.

박 대통령이 최서원(최순실)에게 공무상 비밀이 포함된 국정에 관한 문건들을 전달했고 최서원의 의견을 비밀리에 국정운영에 반영했는데, 이런 행위는 일시적, 단편적으로 된 것이 아니다. 취임 이후 3년 이상 지속됐다.

박 대통령은 또한 국민에게 위임받은 권한을 사적 용도로 남용했고 최서원의 사익 추구를 도와준 결과가 됐다. 미르와 케이스포츠 재단 설립과 관련하여 기업들이 자발적으로 모금한 것이 아니라, 기업들은 출연금이 어떻게 쓰일지도 모른 채 전경련에서 정해 준 금액을 내기만 하고 재단 운영에는 관

여하지 못했다. 이 재단들은 최서원에 의해 실질적으로 운영
되면서 최서원의 사익 추구에 이용됐다.

국회와 언론의 지적에도 불구하고 박 대통령은 잘못을 시
정하지 않고 오히려 사실을 은폐하고 관련자를 단속했기 때
문에, 그 지시에 따라 일 처리를 한 안종범(경제수석) 같은 공
무원들이 최서원과 공모하여 직권남용죄를 저질렀다는 등
부패 혐의로 구속·기소되는 중대한 사태로까지 이어졌다. 박
대통령이 최서원의 국정 개입을 허용하고 국민에게 위임받
은 권한을 남용하여 최서원 등의 사익 추구를 도와주는 한편
이러한 사실을 철저히 은폐한 것은, 대의민주제 원리와 법치
주의 정신을 훼손한 행위로 대통령의 공익실현 의무를 중대
하게 위반한 것이다.

헌법재판소는 최서원(최순실)의 국정 개입 문제가 대두되자
박 대통령이 사과한 것도 거론하면서, 2016년 10월 25일 1차
대국민 담화에서 사과하기는 했으나 최서원이 국정에 개입
한 기간과 내용 등이 객관적 사실에 부합하지 않아 진정성이
부족하다고 했고, 그 뒤 2차 대국민 담화에서 "제기된 의혹과
관련하여 진상 규명에 최대한 협조하겠다."라고 했으나 검찰
이나 특검의 조사에 응하지 않았고 청와대에 대한 압수·수색
도 거부하여 대통령에 대한 조사가 이루어지지 않은 점을 지
적했다. 헌법재판소는 이에 대해 대통령이 국민의 신뢰를 회

복하고자 하는 노력을 하는 대신 국민을 상대로 진실성 없는 사과를 하고 국민에게 한 약속도 지키지 않았다고 하면서 대통령의 "이러한 언행을 보면, 피청구인(박근혜)의 헌법수호 의지가 분명하게 드러나지 않는다."라고 했다.

헌법재판소는 이어서 다음과 같은 결론을 내렸다.

(박 대통령의) 이 사건 헌법과 법률 위배행위는 국민의 신임을 배반한 행위로서 헌법수호의 관점에서 용납될 수 없는 중대한 법 위배행위라고 보아야 한다. 그렇다면 (박 대통령의) 법위배행위가 헌법질서에 미치게 된 부정적 영향과 파급효과가 중대하므로, 국민으로부터 직접 민주적 정당성을 부여받은 대통령을 파면함으로써 얻는 헌법수호의 이익이 대통령 파면에 따르는 국가적 손실을 압도할 정도로 크다고 인정된다.

피청구인(박근혜)을 대통령직에서 파면한다.

헌법재판소 결정에 대한 평가

박 대통령을 파면한 헌법재판소의 결정에 대해서는, 국회의 탄핵소추가 급하게 졸속으로 이루어졌고 탄핵재판 역시 대통령 측의 충분한 절차적 보장 없이 급하게 이루어졌다는 등 일부 비판하는 견해들이 있는 외에는 대체적으로 파면 결정에 수긍하는 의견이 대종을 이루었다.

앞서 본 것처럼 국회는 박 대통령 탄핵소추에 대해 5가지의 헌법위반과 뇌물죄의 성립 등 8가지의 법률위반을 주장했으나, 헌법재판소는 헌법위반 2가지와 공무상 비밀을 누설했다는 법률위반의 점만 인정하면서 재판을 신속하게 종결하고 결론을 내렸다.

즉 헌법위반 5가지 중에서 헌법재판소는 ① 최순실의 국정농단 허용에 따라 국민주권주의, 대의민주주의의 본질을 훼손하고 비선조직에 따른 인치주의를 행하여 법치주의를 위반했다는 점, ② 최순실 등을 위해 사기업에 금품 출연을 강요함으로써 기업의 재산권과 직업선택의 자유(기업경영의 자유)를 침해했다는 점만 인정한 것이다.

헌법재판소는, 나머지 ③ 세월호 참사 같은 국가 재난 상황에서 국민의 생명과 안전을 위한 적극적 조치를 취하지 않았다는 점에 대해서는 당시 대응이나 조치가 미흡하고 부적절하기는 했으나 대통령에게 생명을 구조할 구체적인 행위 의무까지는 발생하지 않았다고 보고 대통령을 파면할 사유로 인정하지 않았다. ④ 문화체육관광부 국장(노태강)과 과장(진재수) 등 공무원들의 신분을 자의적으로 박탈하여 공무원 임면권을 남용했다는 점이나 ⑤ '정윤회 문건'을 보도한 세계일보 사장의 해임을 지시 또는 묵인함으로써 언론의 자유를 침해했다는 점에 대해서는, 이런 사실을 인정할 만한 증거가 부족하다고 판단했다. 그리고 더 이상의 심리 진행 없이 재판을 종결했다.

그러나 헌법재판소가 인정한 위 2가지 헌법위반에서도 국회는 ① 최순실의 국정 농단 허용의 경우 국회는 국민주권주의, 대의민주주의의 본질을 훼손하고 비선조직에 따른 인치주의를 행하여 법치주의를 위반했다면서 강하게 주장했으나 헌법재판소는 헌법 제7조 제1항에 따라 대통령이 국민 전체에 대한 봉사자로 행위하지 않고 최서원(최순실) 등 극히 일부 사람을 위한 봉사자처럼 행위하여 '공익실현 의무'를 위반했다고 약하게 인정했다. 물론 헌법재판소가 박 대통령을 파면할 것인지의 판단에서 대의민주주의와 법치주의에 대해 언급하기는 했으나, "대의민주제 원리와 법치주의 정신을 훼손한 행위로 대통령의 공익실현 의무를 중대하게 위반했다."고 인정한 것이다. 기본적으로 공익실현 의무 위반을 인정한 것이고 대의민주주의(대의민주제)나 법치주의는 원리나 정신을 '훼손'한 정도로 본 것이다.

박 대통령 탄핵에 대해, 박 대통령은 국회의 탄핵소추장에 적힌 헌법위반을 하나도 저지른 것이 없다고 주장한 견해가 있다. 그 이유는, 헌법위반이라고 하려면 헌법 조항이나 제도, 원칙 그 자체를 부인, 공격하여 헌법질서를 직접 침해하는 행위여야 한다는 것이다. "국민주권주의, 재산권 보장, 법치주의, 평등원칙 등 헌법상의 어떤 제도나 원칙을 위반했다고 탄핵하려면 그 제도나 원칙 자체를 비난, 공격하여 존립을 흔들어야지 어떤 개별 행위가 그런 원칙에 위반됐다고 해서 곧바로 제도나 원칙에 위반되는 탄핵사유라고 할 수 없다."라는 주장이다(김평우, 『탄핵을 탄핵한다』).

김평우 변호사는 그러면서 탄핵의 실질적 이유에 대해 다음과 같이 주장했다. "필자가 보기에 박 대통령에 대한 실질적인 탄핵사유는 박 대통령이 임기 말인데다가 평소 가족도, 친구도, 동료도 없는 외톨이 여성이라고 얕본 것이 주된 요인인 것 같다." "박 대통령 탄핵소추는 정책대결도 아니고 도덕성 싸움도 아니고 문화 차이도 아니었다. 약자인 독신 여성을 얕보고 터무니없는 죄를 뒤집어씌워 쫓아내 정권을 빼앗으려는 파렴치하고 부도덕한 정권 강탈인 셈이다."

김평우 변호사는 대한변협 회장(2009~2011)을 지낸 뒤 2017년 1월 말 박근혜 대통령 탄핵에 반대하는 『탄핵을 탄핵한다』를 출간한 다음 2017년 2월 박 대통령 탄핵재판이 끝나갈 무렵 대통령 변호에 합류했는데, 탄핵재판에서 현행 탄핵제도의 문제점을 지적하면서 대통령 탄핵의 사유를 앞으로 대통령의 직무에 걸맞게 내란, 외환 및 중대한 법률위반으로 제한하여 남발이나 오용의 소지를 없애야 한다는 주장도 했다.

박근혜 탄핵의 의미

　　앞에서 노무현 탄핵의 의미에 대해 살펴보면서, 대통령 중심제 국가에서 국정운영의 중심에 있는 대통령을 탄핵하고 파면까지 하려면 대통령의 헌법위반이나 법률위반 같은 위반행위에 '중대성'이 있어야 대통령의 임기 중 파면이 정당화된다는 것이 헌법재판소의 결론이었다. 그렇다면 그 '중대성'이 무엇인지 의문이 제기됐다. 우선 위반행위 자체부터 중대해야 할 것이다.

　헌법재판소는 노 대통령 탄핵 사건 결정에서, 탄핵사유의 '중대성'은 헌법을 수호한다는 관점에서 중대해야 하고 국민 신임 배반이라는 관점에서 중대해야 한다고 했는데, 박 대통령 파면 결정에서도 헌법수호 관점과 국민 신임 배반의 관점에서 '중대성'이 필요하다는 노 대통령의 사건 선례를 그대로 계승했다.

　헌법재판소가 박 대통령 탄핵 사건에서 공익실현 의무의 헌법위반과 기업의 재산권과 기업경영의 자유라는 기본권 침해를 인정했다는 점에서, 노 대통령 탄핵 사건에서 대통령의 선거 관련 도와달라는 발언이나 청와대 수석이 현행 선거법이 관권 시대의 유물이라고 발언한 것, 그리고 노 대통령이 국회에서 본인에 대한 재신임을 묻는 방법으로 국민투표

를 제안한 것을 모두 합쳐도 박 대통령 사건에서 헌법재판소
가 인정한 탄핵사유보다 경미하다고 판단될 것이다. 즉 인정
된 탄핵사유 자체의 '중대성' 면에서 박 대통령 탄핵사유는
노 대통령 탄핵사유와 비교해도 중대하다고 볼 수 있다.

다음으로 헌법수호의 관점에서의 중대성과 국민 신임 배
반 관점에서의 중대성에 대해 살펴보면, 노 대통령 탄핵 사
건 결정은 자세히 보면 헌법수호 관점의 중대성에 대한 판단
은 있지만, 국민 신임 배반 관점의 중대성 판단은 없다는 것
을 알 수 있다. 그러나 박 대통령 탄핵 사건의 경우, 헌법재
판소는 앞에서 본 것처럼 국민 신임 관점의 중대성도 판단했
다. 헌법재판소가, 박 대통령이 사과를 하기는 했는데 객관적
사실에 부합하지 않는 진정성 없는 사과를 했고 진상 규명에
협조하겠다고 약속해 놓고 검찰이나 특검 조사에 불응하고
압수·수색도 거부한 점을 지적하면서, 대통령이 국민을 상대
로 진정성 없는 사과를 하고 국민에게 한 약속도 지키지 않
아 헌법수호 의지가 드러나지 않는다고 인정하고 바로 이어
서 "국민의 신임을 배반한 행위로서 헌법수호의 관점에서 용
납될 수 없는 중대한 법 위배행위"라고 인정한 것이다.

앞서 2장에서 살펴본 것처럼 미국의 탄핵제도의 주된 목적
은 미국 헌법에 따른 정부 체제(즉 헌정)를 유지하는 것이라
고 했다. 헌법재판소가 박 대통령 탄핵재판에서 박 대통령이

국민 전체의 봉사자가 아니라 최순실 같은 몇몇 측근의 사익 추구의 도구로 국정을 운영한 것이 대의민주제 원리와 법치주의 정신을 '훼손'한 것으로 판단한 것은, 박 대통령이 대한민국 헌법에 따른 정부 질서, 즉 헌정질서의 관점에서 용납될 수 없는 행위를 한 것으로 결론을 내린 셈이다.

다음으로 대통령이 국민의 신임을 배반했기 때문에 대통령 탄핵·파면이 정당화된다는 논리는, 1974년 닉슨 탄핵 사건에서 하원의 탄핵소추장에 등장하기 시작한 이래 클린턴 탄핵 사건과 최근 있었던 트럼프 탄핵 사건의 탄핵사유의 결론 부분에도 반복적으로 등장하는 논리이다. 이런 점에서 미국에서의 대통령 탄핵과 한국에서의 대통령 탄핵은 탄핵·파면의 사유, 특히 그 사유의 중대성이란 관점에서 서로 직결되는 것이다.

앞에서 정치평론가 이철희가 노무현 대통령 탄핵을 당파적 탄핵, 박근혜 대통령 탄핵을 대중적 탄핵으로 대조하면서 의미 부여한 것을 살펴봤는데, 그는 대통령 탄핵에 있어서 스캔들이 있는지 여부를, 탄핵을 추동하는(밀고 가는) 강력한 힘 중 하나라고 했다. 즉, 노 대통령 탄핵 사건에서는 스캔들도 없었고 탄핵에 대한 국민적 합의나 지지도 없었지만, 박 대통령 탄핵 사건에서는 최순실 국정농단이라는 스캔들이 있었고 광범위한 국민 분노와 탄핵 지지가 있었다는 것이다. 박 대통령 탄핵의 경우, 탄핵이 국회에서 소추될 무렵 여론조사 결과가 탄핵 찬성 81%, 반대 14%였을 뿐만 아니라 헌법재판소의 선고 무렵 여론조사 역시 찬성 77%, 반대 18%로 대통령의 탄핵과 파면에 관해 국민적 합의나 지지가 있었다고 할 수 있다. 그리고 2016년 10월 29일부터 주말마다 열린 촛불집회를 보면, 헌법재판소의 파면 선고까지 100만 명이 넘는 인원이 모인 집회가 5번, 200만 명 내외가 모인 집회가 2번일 정도로(주최 측 추산) 거세게 타올라서 대중이 탄핵을 이끌었다는 평가이다(이철희, 『나쁜 권력은 어떻게 무너지는가』).

  박 대통령 탄핵의 의미는 탄핵의 사유 면에서 볼 때, 최순실 국정농단 스캔들이라는 사건의 성격 규정이 잘 말해 주듯이 '권력의 사유화' 문제가 주된 쟁점이었다. 대통령의 권력을 국민 전체의 이익을 위한, 공적인 목적을 위해 사용하지 않고, 자신이나 자신의 몇몇 측근을 위해 사용한다는 문제의식인데, 이런 권력의 사유화야말로 권력자가 권력을 남용하는(즉 잘못 사용하는) 대표적인 경우가 아닐 수 없다. 대통령이 권력을 남용하는 경우로 이처럼 대통령이 대통령 권력을 이용하여 본인이나 가족, 몇몇 측근이 이권을 챙기도록 하는 부패 현상을 우선 들 수 있겠지만, 본인이나 측근에 대한 수사 방해 등을 통해 사법 리스크를 제거하거나 줄이는 것 역시 권력의 남용에 해당한다. 이외에도 대통령의 권력 남용이 발현하는 또 다른 국면은 정적이나 반대 세력에 대한 탄압의 국면이다. 앞서 닉슨 탄핵 사건에서 닉슨이 워터게이트 스캔들에 대한 본인의 관여 여부 등을 수사하던 연방수사국FBI의 수사를 방해한 것이나, 정적이나 비판적 언론, 민간인 등을 감시하고 사찰하는 등으로 반대 세력을 탄압한 사례를 권력 남용의 사례로 살펴본 바 있다. 과거 군주제 국가에서 왕이 권력을 남용하는 경우도 보면, 왕이 가까이 하는 측근에 대해서는 이권을 나누어 주고 잘못을 해도 처벌받지 않도록 하는 반면 왕이 미워하는 사람이나 세력에 대해서는 무자비한 탄압도 마다하지 않았는데, 민주공화국의 대통령 역시 아무런 견제를 받지 않는 제왕적 권력이 되면 비슷한 양상을 보일 수 있다.

사실 국가 권력의 사유화 문제는 "대한민국은 민주공화국"(헌법 제1조 제1항)이라는 민주공화국 원리에 정면으로 반하는 것이다. 공화국 원리의 본질을 거슬러 올라가 보면, 공화국republic이란 말의 라틴어 원어 레스 푸블리카res publica, 즉 '공적인 것들'의 의미에 충실하게 공화국은 집권자나 집권층의 부분적 이익이 아니라 국민 전체의 공적인 이익을 추구하는 국가이다. 따라서 대통령을 필두로 한 공직자들이 사적인·부분적 이익이 아니라 공적인, 국민 전체의 이익을 추구하는 국가라야 진정한 의미의 공화국이다(김진욱, 『공수처, 아무도 가지 않은 길』).

이런 점에서 박 대통령 탄핵 사건에서, 헌법재판소가 박 대통령이 최순실(최서원)을 비롯한 일부 측근의 이익을 위해 국정을 운영해 왔다고 인정하고, 대통령이 국민 전체에 대한 봉사자로 행위하지 않아서 헌법 제7조 제1항의 '공익실현 의무'에 위반했다고 평가한 것은, 헌법 제1조 제1항 "대한민국은 민주공화국"의 원리나 정신에 위반한 것으로 볼 수 있을 것이다.

결정의 시간

대통령은 어떤 경우 탄핵·파면되어야 하는가? 대통령의 탄핵과 파면이 정당화되는 경우는 어떤 경우인가? 이 책의 핵심 주제이자 가장 중요한 질문이다.

이 질문에 대한 답을 구하기 위해서는 1787년 미국 필라델피아로 가볼 필요가 있다. 대통령 탄핵제도가 그때 거기서 만들어졌기 때문이다. 대통령 탄핵제도를 만든 사람들이 어떤 이유로, 어떤 목적으로 만들었는지를 알아야 대통령 탄핵에 대한 합리적인 결정을 할 수 있을 것이다.

미국 헌법의 기초자들은 그때까지 지구상에 없던 '대통령 중심제'를 만들어 국가 원수이면서 행정부의 수반(우두머리)

이라는 지위, 국군 통수권, 법률안 거부권 같은 막강한 권한을 한 사람 대통령에게 부여했다. 대통령에게 강력한 리더십으로 미국 연방을 이끌어 달라고 위임하는 동시에 대통령이 이런 권력을 남용하고 법 위의 존재가 되어 왕처럼 군림하지 않을까 하는 우려에 대한 대책으로 대통령 탄핵제도를 설계했다.

1787년은 미국이 영국의 약 200년간의 식민 지배에서 독립하여 세계 최초로 민주공화국을 설립한 해이다. 당시 영국이나 프랑스, 오스트리아 같은 서구 열강들은 모두 군주(왕)가 통치하고 있어서 미국 대통령이 이런 열강의 군주들과 결탁하여 미국의 이익을 해치고 미국을 배반하지 않을까 하는 우려 때문에, 연방헌법에 대통령 탄핵의 사유로 반역과 뇌물을 특히 명시해 넣었다. 하지만 반역과 뇌물 말고도 대통령이 부여받은 막강한 권력을 남용하여 (대의) 민주주의와 법의 지배, 권력분립을 요체로 하는 미국의 헌정질서를 흔들거나 자기 이익을 추구하면서 나라에 해를 끼칠 수 있는 '중대하고 위험한' 행위들을 전부 포괄하여 탄핵의 사유로 삼기 위해 '그 밖의 중대한 범죄와 비행'이란 탄핵사유를 추가해 넣었다.

1948년 7월 17일 우리나라가 제헌헌법을 만들면서 미국식 대통령제를 채택하고 헌법에 대통령 탄핵의 사유로 '직무수행에 있어서 헌법 또는 법률에 위배한 때'라고 규정하여 미국 헌법과 좀 달리 탄핵사유를 규정하기는 했지만, 대통령이 국가의 헌정질서를 흔들고 나라에 해를 끼칠 수 있는 헌법이나 법률 위반의 중대한 행위를 저질렀을 때 그런 대통령을 탄핵·파면할 수 있고 또 탄핵·파면해야 한다는 점은 미국이나 대한민국이나 다를 리 없다.

앞에서 미국 대통령 탄핵 사건으로, 1868년 앤드루 존슨 대통령 탄핵부터 최근 2021년 트럼프 대통령 2차 탄핵에 이르기까지 5건의 탄핵 사례를 살펴보았다. 1868년 존슨 대통령 탄핵의 경우 대통령이 공직임기보장법을 위반했다는 것이 이유였지만, 실질적 탄핵의 사유는 대통령의 반복된 거부권 행사였다.

1974년 공화당 닉슨 대통령 탄핵은, 대통령이 본인의 재선이나 정치적 목적 달성을 위해 국가기관을 동원하고 정적이나 비판적 언론 등을 감시하고 사찰하면서 기본권을 침해했고, 민주당 선거캠프에 도청작업을 하다가 적발된 워터게이트 스캔들 수사를 방해하고 그 은폐 작업을 주도한 사실이 백악관 집무실 녹음테이프의 공개로 만천하에 알려진 사건이다. 녹음테이프 공개 후 여론이 급격하게 나빠지고 공화당 지도부까지 나서서 당내의 부정적 여론을 전달하자 닉슨이 며칠 뒤 전격 사임하기는 했지만, 만약 상원의 탄핵재판까지 갔다면 대통령이 파면될 가능성이 아주 높았다고 평가되는 사건이다.

1998년 민주당 클린턴 대통령 탄핵은, 대통령이 백악관 인턴 르윈스키와의 성 추문을 덮기 위해 연방대배심 앞에서 위증하고 사법정의의 실현을 방해했다는 사건이다. 미국 헌법학자들은 이 사건에서, 헌법 기초자들이 연방헌법의 탄핵조항을 만들었을 때의 의도는 대통령의 직무수행과 직접적으로 관계 없는 이런 사적인 잘못을 가지고 탄핵사유로 삼고자 했던 것은 아니었다는 의견이었다.

공화당 트럼프 대통령은 재임 중 두 번(2019년과 2021년) 탄핵당한 대통령이다. 2019년 탄핵은, 다가오는 2020년 대선에서 민주당 대선주자로 유력한 바이든에게 정치적 타격을 가할 목적으로 트럼프가 우크라이나 정부에 바이든 수사를 요구하고, 그 수사를 우크라이나에 대한 군사 지원금 지급 등의 조건으로 삼았다는 것이 탄핵의 사유였다.

트럼프는 2020년 대선에서 바이든에게 패배하자 부정선거를 주장하면서 대선 결과에 불복했다. 그는 2021년 1월 6일 상원과 하원이 모여서 대선 결과를 인증하는 날, 의사당 인근의 집회에서 연설하면서 군중들을 선동하여 이들이 의사당에 침입해 폭동을 일으켜 수많은 사상자를 낳게 했다는 내란 선동 혐의로 1주일 뒤 탄핵소추 당했다. 그러나 한 달 뒤 상원의 탄핵재판에서는 유죄 57표, 무죄 43표로, 정족수에서 10표가 모자라 파면 결정을 피했다.

대통령 탄핵에 대한 미국 내의 평가는, 대통령이 권력을 남용하여 헌정질서를 위협하고 자기 이익을 추구하면서 나라에 해를 끼칠 수 있는 중대하고 위험한 행위들을 탄핵의 사유로 삼고자 했던 미국 헌법의 기초자들의 의도에 비추어 볼 때, 국가기관을 동원하여 사찰과 도청 등을 자행한 닉슨 대통령의 탄핵사유와 대의민주주의와 평화적 정권교체를 거부하고 내란을 선동한 트럼프의 2차 탄핵사유(2021년 탄핵)는 그런 '중대하고 위험한' 행위에 해당한다는 것이다.

우리나라의 대통령 탄핵의 경우, 2004년 노무현 대통령 탄핵재판 이래로 대통령의 탄핵·파면을 위해서는 대통령의 헌법위반이나 법률위반 같은 위반행위가 중대해야 한다는 것인데, 헌법재판소는 중대하다는 의미에 대해 헌법수호의 관점에서 중대해야 하고 대통령이 국민 신임을 배반했다는 관점에서 중대해야 한다고 판단했다.

헌법재판소는 헌법수호 관점에서의 중대성에 대해, 대한민국 헌정질서는 '자유민주적 기본 질서'를 핵심으로 하는데 민주주의원리와 법치국가원리의 2가지로 구성된다고 하면서 민주주의를 구성하는 의회제도나 정당제도, 선거제도, 그리고 법치국가원리를 구성하는 인권 존중, 권력분립, 사법권 독립에 반하는 '적극적 위반행위'를 하는 경우 대통령의 파면이 정당하다고 했다.

위에서 본 미국의 경우와 마찬가지로 우리나라 대통령 탄핵에서도 대통령이 헌법이나 법률 위반을 통해 민주주의와 법치주의를 요체로 하는 대한민국의 헌정질서를 위협하거나 위험에 빠뜨리는 경우 대통령의 탄핵·파면이 가능함을 헌법재판소가 명시적으로 밝힌 것이다.

국민 신임을 배반했다는 관점(사유)은 국회의 탄핵심판을 기각한 노무현 대통령 사건에서는 헌법재판소가 적시한 내용이 없지만, 탄핵심판을 인용하고 대통령직에서 파면을 명한 박근혜 대통령 사건에서 헌법재판소는, 대통령이 진정성 없는 사과를 했다거나 검찰의 수사나 특검 수사도 수용하겠다는 대국민 약속을 지키지 않고 수사에 불응하고 청와대 압수·수색도 거부한 점에 비추어 국민의 신임을 배반했다고 인정했다. 사실 대통령이 국민에게서 받은 신임을 배반했는지를 판단하는 데에는, 대통령의 언행일치의 문제, 특히 중요 사항에 대한 대통령의 국민을 상대로 한 반복된, 의도적인 거짓말이 국민 신임이나 신뢰 상실의 중요한 판단 요소가 될 수밖에 없음은 앞서 5장 클린턴 대통령 탄핵 사례에서 살펴보았다.

대통령 중심제 정부형태를 취하는 우리나라에서, 행정부의

마치는 글

수반(우두머리)으로 행정부를 이끌면서 국가 원수로서 외국에 대해 나라를 대표하고 국군을 통수하는 존재로 국정운영의 중심에 있는 대통령은 국민이 직접 선거로 선출하여 5년 동안 소신껏 국정을 운영하도록 신임을 부여하고 임기도 보장하고 있다. 따라서 이런 대통령의 임기를 즉각적으로 종료시키고 대통령직에서 끌어내리는 대통령 탄핵·파면이라는 강력한 헌법적 장치는, 비록 국민의 직접 선거로 선출되고 임기가 보장된 대통령이지만 그 임기의 만료나 다음 선거까지 기다릴 수 없을 만큼 '중대한' 사유가 인정되는, 예외적 경우에 사용되어야 할 것이다. 앞서 트럼프 2차 탄핵 사건(내란 선동)에서, 대통령 탄핵제도는 대통령이 헌정질서를 부인하거나 위협하는 위반행위로 헌정질서가 위기에 처했을 때 이에 대응하는 특별한 긴급 대응 장치Special Emergency Response Device로 존재한다고 했는데, 그런 예외적인 경우라면 사용될 수 있을 것이다.

앞서 대통령의 탄핵·파면을 위해서는 위반행위가 '중대해야' 하고, 그 판단의 기준으로 헌법수호의 관점에서의 중대성과 국민 신임 배반 관점에서의 중대성이라는 2가지 기준을 가지고 헌법재판소가 판단한다고 했는데, 이 기준에 따른 판단 전에 위반행위 자체가 우선 '중대해야' 할 것이다. 그것이 논리적이고 자연스러운 판단의 순서일 것이다.

그런데 위반행위가 무겁고 심각하며serious, 크고 광범위한 extensive 영향을 주는 행위이면 위반행위의 '중대성重大性' 기준은 넉넉히 충족될 것이다. 대통령의 헌법위반이나 법률위반 같은 위반행위는, 법관이나 장관 같은 다른 탄핵 대상의 위반행위와 비교해 볼 때 국정 전반에 광범위한 영향을 미칠 수 있고, 영향의 정도 역시 심각할 수 있다. 대통령이 헌정질서에 미치는 긍정적 영향의 정도와 범위가 무겁고 큰 만큼 대통령의 위반행위로 인한 부정적·파괴적 영향의 정도와 범위 역시 심각하고 광범위할 것이다. 이 경우 헌정질서를 수호하고 회복하기 위해 대통령을 파면하여 제거할 필요성은 그만큼 커지는 것이므로, 대통령 탄핵사유로서의 위반행위의 '중대성'은 위반행위가 얼마나 심각한 행위인지, 그 영향이 어느 정도로 광범위한지를 기준으로 판단하면 될 것이다. 행위 자체가 심각하고 영향도 광범위한 위반행위라면 당연히 '중대성'이 있는 것이다.

　위반행위 자체의 '중대성'을 판단하는 데에 추가할 요소로 반복되는repetitive 행위인지와 위험한dangerous 행위인지의 요건을 추가할 수 있다. '반복성'이란 요소는, 예컨대 헌법재판소가 박근혜 대통령의 탄핵 결정문에서 대통령을 '파면할 것인지'의 판단에서, 대통령이 최서원(최순실)에게 국정에 관한 문건을 전달하고 그 의견을 비밀리에 국정에 반영한 행위가 일시

마치는 글

적·단편적으로 이루어진 것이 아니라 대통령 취임 이후 3년 이상 지속되었음을 지적하고 대통령의 위반행위로 인한 부정적 영향과 파급효과가 중대하다고 결론 내린 것에서 볼 수 있다. 대통령의 위반행위가 일회적·일시적 행위라면 몰라도 그런 행위들이 계속 반복되고 상당 기간 지속된다면 심각한 것이고, 이에 따라 중대한 행위로 평가될 수 있다는 취지일 것이다. 즉, 위반행위의 '반복성'은 위반행위의 '심각성'을 결정하는 중요 요소가 될 것이다.

다음으로 '위험성'의 요소는 대통령의 위반행위가 민주주의와 법치주의를 요체로 하는 헌정질서에 상당한 위험이 되거나 위협하는 경우, 그래서 그런 대통령이 대통령직에 있는 것이 위험하기 때문에 한 시라도, 한 시간이라도 그 자리에 두어서는 안 된다고 대다수 국민이 판단하게 된다면 대통령의 임기 중 파면도 얼마든지 정당화될 것이기 때문이다. 앞서 살펴보았듯이 미국 헌법 기초자들이 대통령 탄핵제도를 설계하면서 가장 우려했던 상황이 바로 이런 상황으로 생각된다.

오늘날 전 세계적으로 민주주의가 대세가 되었지만 민주주의가 위기에 빠진 경우가 종종 목도되고, 민주적으로 선출된 지도자가 민주적 헌정질서를 전복해 독재체제를 수립한 경우도 늘어나고 있다. 앞서 6장 트럼프 탄핵 사건에서, 하버드대 정치학과 교수 레비츠키와 지블랫이 선거를 통해 집권한 민주 정부가 독재체제로 갈 때 보이는 4가지의 이상 징후를 살펴봤다. 1) 민주주의 규범 준수의 거부, 2) 정적political enemy의 정당성legitimacy에 대한 부정, 3) 폭력의 조장 또는 묵인, 4) 정적과 언론의 자유와 권리 억압이다. 이들은 민주주의 규범 준수와 관련하여 선거 불복 등 선거제도의 정당성을 부정하는지를 중요 요소로 거론하면서, 트럼프의 경우 민주주의 규범과 기본권을 무시하는 언행을 계속해 왔고, 이런 점에서 트럼프는 미국의 민주주의를 설계하고 연방헌법을 만들었던 건국의 아버지들이 우려했던 바로 그러한 유형의 위험한 인물이라고 지적했다.

지금까지의 논의를 통해 대통령의 임기 중 탄핵·파면을 정당화할 만한 '중대한' 위반행위를 다시 정리해 보면, 위반행위가 심각하고, 광범위한 영향을 주는 행위라면 우선 '중대한' 위반행위로 판단될 것이다. 이에 더하여 반복되는 위반행위는 '심각한' 위반에 쉽게 포섭될 것이다. 마지막으로 대통령이 위반행위를 통해 헌정질서를 위협하면서 현존하는 위험present danger이 된다면 그런 위반행위는 심각하기도 하고 영향도 광범위하여 당연히 '중대한' 위반행위로 판단될 것이므로, 이런 '위험성dangerousness' 기준이야말로 대통령을 탄핵·파면할 만한 가장 강력한 사유라 할 것이다. 대통령이 위반행위를 통해 헌정질서를 위협하는 위험한 존재가 된다면, 이런 때야말로 대통령 탄핵제도가 적시에 제 역할을 해야 할 것이다.

요컨대, 대한민국의 기본 질서나 헌정을 수호하고 유지하기 위해 불가피한 특별한 상황에 대응하는 헌법적 비상 장치 Special Emergency Response Device로서의 대통령 탄핵제도는, 대통령 위반행위의 '중대성' 여부를 판단하는 1) 심각성Seriousness, 2) 광범성Extensiveness, 3) 반복성Repetitiveness, 4) 위험성Dangerousness의 기준에 따라 대통령 탄핵·파면의 기준으로 사용될 수 있을 것이다. 이런 4가지 기준을 2004년 노무현 대통령 탄핵 사건과 2017년 박근혜 대통령 탄핵 사건에 적용해 보면 총선을 앞두고 열린우리당을 좀 도와주었으면 좋겠다는 대통령의 선거 관련 발언, 청와대 홍보수석의 선거법 폄하 발언, 재신임을 묻는 방법으로 국민투표를 제안한 노 대통령의 탄핵사유보다는 권력의 사유화가 문제 된 박 대통령의 탄핵사유가 훨씬 '중대하다'라는 결론에 도달할 것이다.

앞서 1장을 시작하면서 윤석열 대통령에 대해 국회가 탄핵을 소추한 사유가 위헌·위법한 비상계엄의 선포와 국헌 문란의 내란 범죄라고 했는데 내란죄라는 범죄의 성립 여부는 향후 형사재판에서 판가름난다고 본다면, 헌법재판소의 탄핵재판에서는 2024년 12월 3일 밤 선포된 비상계엄이 헌법과 법률에 맞게 선포됐는지, 비상계엄 선포에 따라 국회와 선관위에 군병력을 출동시킨 행위가 헌법이나 법률에 위반한 것은 아닌지, 국헌 문란 행위에 해당하는지 등이 결정되어야 할 것이다.

"여러분이 이 사건의 재판관이라면 어떤 결정을 내리시겠습니까?"

참고문헌

도서

『**공수처, 아무도 가지 않은 길**』 김진욱 저, 알에이치코리아

『**국부론**』 애덤 스미스 저, 김수행 역, 비봉출판사

『**권력이란 무엇인가**』 한병철 저, 김남시 역, 문학과지성사

『**나쁜 권력은 어떻게 무너지는가**』 이철희 저, 메디치미디어

『**대통령의 탄생**』 조지형 저, 살림출판사

『**로마사 논고**』 니콜로 마키아벨리 저, 강정인·김경희 역, 한길사

『**로마인 이야기**』 시오노 나나미 저, 김석희 역, 한길사

『**미국 헌법과 민주주의**』 로버트 달 저, 박상훈·박수형 역, 후마니타스

『**미국의 민주주의**』 알렉시스 드 토크빌 저, 임효선·박지동 역, 한길사

『**법의 정신**』 샤를 루이 드 세콩다 몽테스키외 저, 진인혜 역, 나남

『**신고 헌법해의**』 유진오 저, 일조각

『**어떻게 민주주의는 무너지는가**』 스티븐 레비츠키·대니얼 지블랫 저, 박세연 역,
　어크로스

『**영국사**』 앙드레 모루아 저, 신용석 역, 김영사

『**워터게이트**』 밥 우드워드·칼 번스타인 저, 양상모 역, 오래된생각

『**촛불의 헌법학**』 이준일 저, 후마니타스

『탄핵, 감시 권력인가 정치적 무기인가』 조지형 저, 책세상

『탄핵으로 본 미국사』 김병호 저, 호메로스

『탄핵을 탄핵한다』 김평우 저, 조갑제닷컴

『토머스 페인 상식』 토머스 페인 저, 남경태 역, 효형출판

『페더럴리스트』 알렉산더 해밀턴·제임스 매디슨·존 제이 저, 박찬표 역, 후마니타스

『헌법재판소, 한국 현대사를 말하다』 이범준 저, 궁리

『형법각론』 신동운 저, 법문사

『An Affair of State; The Investigation, Impeachment and Trial of President Clinton』 리처드 포스너(Richard Posner), Harvard University Press, 1999.

『Grand Inquests』 윌리엄 랜퀴스트(William H. Rehnquis), William Morrow & Co, 1992.

『High Crimes and Misdemeanors』 프랭크 보우만(Frank Bowman), Cambridge University Press, 2019.

『Impeachment: A citizen's guide』 캐스 선스타인(Cass Sunstein), Penguine Books, 2019.

『Impeachment: A Handbook』 찰스 블랙(Charles Black), Yale University Press, 1974.

『Impeachment: The Constitutional Problems』 라울 버거(Raoul Berger), Harvard University Press, 1974.

『Presidential Impeachment』 존 라보비츠(John Labovitz), Yale University Press, 1978.

『The Final Days』 밥 우드워드(Bob Woodward)·칼 번스타인(Carl Bernstein), Simon& Schuster, 2018.

『The Impeachment Power』 키이스 휘팅턴(Keith E. Whittington), Princeton University Press, 2024.

『The Imperial Presidency : The American Presidency in Crisis』 아서 슐레진저 (Arthur M. Schlesinger Jr.), Unknown Edition, 1973.

『The law of Presidential Impeachment』 마이클 게르하르트(Michael Gerhardt), NYU Press, 2024.

참고문헌

학술지

김진욱, "탄핵요건으로서 헌법이나 법률 위반의 중대성: 헌법 제65조 제1항과 헌법재
판소법 제53조 제1항의 해석을 중심으로", 『저스티스』 통권 제161호, 2017.

김진욱, "탄핵사유에 대한 소고 – 탄핵사유와 관련된 몇 가지 쟁점을 중심으로", 『국가
와 헌법 I(성낙인 교수 화갑 기념 논문집)』, 법문사, 2018.

김진욱, "대통령 탄핵사유에 대한 소고 – 박근혜 전 대통령 탄핵결정의 탄핵사유를 중
심으로 한 판례평석", 『법학논총』 제44집, 2019.

이승우, 정만희, 음선필, "탄핵심판제도에 관한 연구", 『헌법재판연구』 12권, 헌법재판
소, 2001.

Jin Wook Kim, "Korean Constitutional Court and Constitutionalism in Political
Dynamics: Focusing on Presidential Impeachment", Constitutional Review, Vol.
4, Num. 2, Constitutional Court of Indonesia, 2018.

대통령 탄핵 보고서

1판 1쇄 인쇄 2025년 2월 3일
1판 1쇄 발행 2025년 2월 10일

지은이 김진욱

발행인 양원석
펴낸 곳 ㈜알에이치코리아
주소 서울시 금천구 가산디지털2로 53, 20층 (가산동, 한라시그마밸리)
편집문의 02-6443-8842   **도서문의** 02-6443-8800
홈페이지 http://rhk.co.kr
등록 2004년 1월 15일 제2-3726호

ISBN 978-89-255-7395-3   03300